www.tredition.de

...eben war sie noch da!

Diagnose Brustkrebs

AF201964

Doris Aschenbrenner

www.tredition.de

© 2021 Doris Aschenbrenner
Umschlaggestaltung, Fotos: Doris Aschenbrenner
Lektorat, Korrektorat: Corinna Schenk
Verlag und Druck:
tredition GmbH, Halenreie 40-44, 22359 Hamburg

ISBN
Paperback: 978-3-347-24366-8
Hardcover: 978-3-347-24777-2
e-Book: 978-3-347-24462-7

Bibliografische Information der Deutschen Nationalbibliothek:
Die Deutsche Nationalbibliothek verzeichnet diese Publikation in der Deutschen Nationalbibliografie; detaillierte bibliografische Daten sind im Internet über http://dnb.d-nb.de abrufbar.

Inhaltsverzeichnis

Ich glaube, es ist an der Zeit,

dass ich Spuren hinterlassen möchte.

Doris Aschenbrenner, Winter 2019

für Julian

Vorwort

Das Leben geht manchmal Wege, die man nie für möglich gehalten hätte. Es gibt Wege, die hat man selbst in der Hand und dann gibt es diese, da muss man alles aus der Hand geben, damit man vielleicht irgendwann das Steuer wieder übernehmen kann. Mein Leben habe ich aus der Hand gegeben – in die der Ärzte und der Schulmedizin.

Dass ich eine starke Frau bin, war mir nicht immer, aber oft bewusst. Ich bin Doris, im Dezember 1964 geboren, Büroangestellte und Mutter eines erwachsenen Sohnes.

Ich habe Krebs.

Was hat dieses, mein Leben noch mit mir vor? Ist bald Endstation oder erwartet mich noch das große, unbekannte Glück? Oder habe ich das größte Glück in meinem Leben schon erfahren und alles was jetzt kommt, ist ein einziger K(r)ampf? Werde ich daraus erwachsen und werde ich noch stärker daraus hervorgehen?

Die Diagnose Krebs ist schrecklich. Sie reißt einem den Boden unter den Füßen weg. Nichts wird mehr, wie es einmal war. Aber wie war es vor der Diagnose? Kann ich dem Schreckensgespenst Krebs etwas Positives für meine Zukunft abgewinnen?

Ich schreibe dieses Buch, um anderen Mut zu machen und auch, um mir Mut zu machen, um das Geschehene besser verarbeiten zu können.

Hierbei ist es mir sehr wichtig zu erwähnen, dass ich mit meinen Nebenwirkungen und Spätfolgen durch die Chemotherapie einfach Pech gehabt habe. Der Verlauf muss bei anderen Chemopatienten nicht identisch sein, denn jeder verträgt es anders. Chemotherapien werden auch auf die entsprechende Erkrankung und auf die körperliche Verfassung abgestimmt.

Ich habe seit dem Tag meiner Diagnose Tagebuch geführt. Es sind Momentaufnahmen, die ich größtenteils als Sprachmemos gesammelt hatte und nun zu Papier bringen werde.

Mein Leben vor der Erkrankung

In den 1970er Jahren bin ich behütet aufgewachsen, ohne Geschwister, erst in der Innenstadt Hannovers, dann in einem kleinen niedersächsischen Dorf in der Nähe von Hannover. Meine Kindheit verlief ohne große Probleme, meine Jugend war geprägt von vielen Freunden und viel Spaß, halt all das, was Jugendliche so tun: Abhängen, feiern, auf Konzerte gehen, in die Diskothek, Partys. Mein damals strenger Vater hatte aber immer ein Auge darauf, dass es nicht zu heftig wurde. Es gab Beziehungen, an die erinnere ich mich heute gerne und vielleicht auch manchmal wehmütig zurück. Erinnerungen mit liebevoller Dankbarkeit.

Eine achtjährige Beziehung war darunter, aus der eine gute Freundschaft hervorgegangen ist. Wir sind immer respektvoll miteinander umgegangen, dann ist so eine Freundschaft möglich. Mittlerweile kennen wir uns 32 Jahre.

Ende 1997 verunglückte mein Vater auf dem Weg zur Arbeit mit dem Auto. Er prallte gegen einen Baum und nach Aussage der Polizei muss er sofort tot gewesen sein. Ein Schock. Mein Vater. Kurz vor seinem 55. Geburtstag. Ein guter Autofahrer. Okay, oft etwas zu schnell unterwegs, aber immer sicher am Steuer. Ich hatte nie Bedenken, bei ihm mitzufahren. Und nun fährt er auf gerader Strecke gegen einen Baum?

Ich werde nie erfahren, was damals passiert ist. War es ein Schwächeanfall? War es etwas anderes? Aber was? Offene Fragen, die mich und meine Mutter zermürbten, aber irgendwann lässt man los, damit man besser mit der Trauer umgehen kann.

Ich liebte es, mit Freunden zusammen zu sein, ich feierte gerne, ich rauchte und ich trank auch mal einen über den Durst, am liebsten Cola-Whiskey. Eine Sportskanone war ich nie und ich ernährte mich auch des Öfteren mal von Süßigkeiten. Ich fühlte mich immer einigermaßen fit. Vielleicht mal hier und da etwas Rückenschmerzen, aber ansonsten alles easy.

Das Jahr 2000 war das Jahr voller Glück und Liebe. 1998 lernte ich einen Mann kennen und lieben, im Jahr 2000 kam unser Sohn Julian zur Welt. Es begann die schönste Zeit in meinem Leben. Zwar folgte kurz vor Julians 3. Geburtstag die endgültige Trennung vom Kindesvater, aber mein Status als Alleinerziehende machte mich nur stärker und ich genoss die Zeit mit meinem süßen Sohn. Heute ist Julian ein erwachsener, junger Mann und wir verstehen uns, wie immer schon, wunderbar. Er ist das Beste und das größte Glück, was mir im Leben passiert ist.

2013 gründete ich eine Band mit zwei Gitarristen und einem Schlagzeuger. Ich singe und spiele Bassgitarre. Wir haben öffentliche Auftritte, wir veröffentlichen CDs, wir haben einen YouTube-Kanal, wir haben eine nette Texterin gefunden. Wir komponieren eigene Songs oder covern das, wozu wir gerade Lust haben.

Es ist Sommer 2019. Gerade haben wir mit der Band einen Auftritt gehabt, den ganzen Abend haben wir gespielt. Ich fühle mich gut und gesund.

Aktuell freue ich mich auf den lang ersehnten Dänemark-Urlaub Anfang August 2019, den ich zusammen mit meinem Partner und mit meinen Freunden Caro und Sebastian – wir wohnen Tür an Tür – verbringen werde.

MEIN TAGEBUCH

Die Diagnose

Sonnabend, 29. Juni 2019

Party bei meinem Freund Frank. Das ist der, mit dem ich vor gefühlten 1.000 Jahren eine achtjährige Beziehung hatte. Frank ist heute verheiratet mit Sandra und die beiden haben einen süßen Sohn namens Marlon, mein Patenkind.

Nun ist also diese Grillparty angesagt und ich fahre mit Julian gut gelaunt dort hin. Er fährt und ich kann etwas trinken. Perfekt. Feuchtfröhlich geht es her, ein schöner Sommerabend. Irgendjemand probiert einen Hula-Hoop-Reifen mit Noppen aus. Wie gut, dass ich auf die Idee komme, dasselbe zu tun. Nach ein paar Versuchen klappt es noch nicht so dolle, aber der Noppenreif schnellt über meine linke Brust. Autsch. Ich zwirble mir den Reifen noch mal um meine Hüfte, das Ding schnellt erneut hoch. Auuuuaaaaaa... Da ist er wieder, dieser stechende, ziehende Schmerz in der Brust, der durch Mark und Bein geht. Mist, da stimmt ganz gewaltig etwas nicht. Gleich am Montag werde ich meinen Gynäkologen zwecks Termins anrufen. Ich fühle nichts, keine

Verhärtung, keinen Knubbel. Es tut einfach nur höllisch weh.

Mittwoch, 10. Juli 2019

„Da ist eine Zyste, deswegen die Entzündung. Ich gebe Ihnen ein Antibiotikum, in 8 Tagen sehen wir uns wieder." Beruhigt fahre ich nach Hause. Es kann ja auch nichts anderes sein, denn ich war ja Ende März erst zur Krebsvorsorge und da war ja alles in Ordnung.

Das ist 3 ½ Monate her. Obwohl, Schmerzen in der linken Brust habe ich schon sehr lange immer mal wieder gehabt, aber es gab stets Entwarnung vom Arzt.

Also nehme ich brav das Antibiotikum und mache mir weiter keine Gedanken. Ich treffe Sebastian vorm Haus. Er sagt: „Bei meiner Mutter war das genauso und dann war es Krebs." Nein, nein, bei mir ist es wirklich nur eine Zyste.

Donnerstag, 18. Juli 2019

Heute ist die erneute Vorstellung beim Gynäkologen. „Haben Sie das Antibiotikum nicht regelmäßig genommen?" Ich bin verwirrt und antworte, dass ich das natürlich getan hätte. Wieso ist er heute eigentlich so grantig? Egal, ich habe auch nicht jeden Tag gute Laune.

Das Ultraschallbild zeigt, dass das, was da vor acht Tagen war, unverändert ist. Der Arzt gibt mir nun doch eine Überweisung zum Brustzentrum für eine Biopsie.

Scheiße. Tut so etwas weh? Was ist, wenn die tatsächlich etwas finden? Ach nein, werden sie nicht. Ende März war ja noch alles in Ordnung. Ich versuche, mich nicht in irgendeine Panik hineinzusteigern, aber ich betrachte am Abend meine linke Brust. Ja, diese blöde Brustwarze hat sich verändert. Wieso sieht die jetzt so schief aus?

Und so nach unten gezogen? Hässlich. Aber das kann ja auch am Alter liegen. Vielleicht sehen die Dinger irgendwann so aus?!?

Ich rufe meine liebe Freundin Silke an, die im hiesigen Krankenhaus arbeitet. Sie fackelt nicht lange und setzt alle Hebel in Bewegung, damit ich schnell einen Termin im Brustzentrum bekomme. Und ja, sie hat einen Termin bekommen, erst mal nur zum Vorgespräch.

Munter fahre ich zum Gespräch, mehr passiert ja heute nicht.

Es folgt noch mal ein Ultraschall und der Chefarzt der gynäkologischen Abteilung – übrigens ein sehr, sehr netter Arzt – sagt: „Das sieht leider sehr auffällig aus." Nun geht mir das erste Mal richtig der Stift. Das kann doch eigentlich gar nicht sein... Er sagt weiter: „Wir machen jetzt eine Biopsie." Ja, jetzt bekomme ich Panik. Wie? Was? Nicht nur Vorgespräch? Hilfe! Ich habe Angst. *Vorgespräch*. Das hatte mir Silke also nur so gesagt, damit ich schlafen kann. Sie weiß ja um meine Angst vor Nadeln.

Ich frage sofort: „Wird das betäubt? Tut das weh?" Die Antwort darauf beruhigt mich nicht wirklich: „Eine Betäubungsspritze wird vielleicht mehr weh tun als die Biopsie selber." Ich verliere die Fassung und fange an zu weinen, die Tränen laufen wie Rinnsale über meine Wangen.

Ich soll mich auf die Liege legen, eine Arzthelferin kommt hinzu. Sie ist so lieb und redet beruhigend auf mich ein, sie hält meine Hand am Kopfende, da ich meine Arme hinter den Kopf legen soll. Der Arzt setzt sich neben mich und fängt an. Ich sehe nur diese Biopsie-Nadel und habe das Gefühl, ohnmächtig zu werden. Hilfe! Ich will das nicht. Was passiert hier mit mir? Warum?

Erster Einstich. Aua. Aber nicht so schlimm, wie ich es mir vorgestellt hatte. Der Arzt ist sehr vorsichtig und hat eine tolle, beruhigende Art. „Sie machen das ganz toll, sie sind sehr tapfer". Immer wieder fasele ich so etwas wie „Ich habe Angst" und zerquetsche dabei fast die Hand der Arzthelferin, die arme Frau. Viermal wurde in meine kranke Brust gestochen, während der Gewebe-entnahme merke ich das Klicken, aber es tut nicht doll weh. Dann endlich die Erlösung: „Nun haben wir es, Sie haben es geschafft und Sie haben das ganz toll ge-macht." Ich bin dankbar für diese Worte, denn ich fühle mich wie der letzte Jammerlappen. Meine Brust wird ver-bunden und ich bekomme einen Termin für den darauf-folgenden Freitag zwecks Besprechung. Ich hoffe, die Arzthelferin muss ihre Hand nicht behandeln lassen.

Draußen am Auto kann ich schon wieder lachen und bin glücklich, die Biopsie hinter mich gebracht zu haben. Das Unterfangen dauerte etwa 20 Minuten und ja, man überlebt es!

Mittwoch, 24. Juli 2019

Meine linke Brust sieht aus, als wenn ein Bus und hin-terher noch ein Traktor mit Anhänger drüber gefahren sind. Alles lila-rot blutunterlaufen, aber keine Schmer-zen. Irgendwie tue ich mir gerade selber leid. Aber es musste ja gemacht werden. Sicher ist sicher und ich weiß, alles getan zu haben, um das Merkwürdige in meiner Brust zu untersuchen. Und: Bald ist Urlaub. Ich freue mich wahnsinnig.

Um 14:30 Uhr muss ich im Krankenhaus sein. Meine Freundin Silke wird mich begleiten. Weiß sie schon mehr? Sie sitzt ja an der Quelle. Ich habe immer noch Hoffnung, dass alles gut und nur halb so wild wird. Im Krankenhaus angekommen, treffe ich mich mit ihr. Wir gehen in einen Behandlungsraum und sie nimmt mir Blut ab.

15:00 Uhr - eine freundlich aussehende Ärztin kommt in den Raum. Aber: Ernste Miene. Sie hat eine Akte in der Hand und setzt sich vor mich. „Frau Aschenbrenner, ich habe leider keine guten Nachrichten. Sie haben Brustkrebs." Ich sage: „Aha, irgendwie hatte ich das befürchtet."

Was? Wieso sage ich das? Hatte ich das wirklich befürchtet? Nee, hatte ich gar nicht. Bis zuletzt habe ich gedacht, das kann nicht sein.

Stille. Die Ärztin schweigt, ich schweige und schaue aus dem Fenster. Die Ärztin sagt sodann: „Haben Sie irgendwelche Fragen? Sie können mich alles fragen." Ich frage wie ferngesteuert: „Werde ich daran sterben?" Die Ärztin: „Wir werden alles tun, damit das nicht geschieht. Die Medizin ist heute sehr weit. Es kommen eine Menge Untersuchungen auf Sie zu und es muss jetzt schnell gehen."

Dann erzählt sie mir sehr viel, aber ich kann ihr nicht mehr folgen. Mein Kopf ist nicht mehr aufnahmebereit.

Ich höre mich sagen: „Kann ich noch in den Urlaub fahren? Am 3. August soll es losgehen." Die Antwort: „Nein, bitte sagen Sie alles ab. Informieren Sie Ihre Angehörigen und Ihren Arbeitgeber."

Was folgt, sind weitere Termine bei Ärzten, die ich noch gar nicht einordnen kann, wieso, weshalb, warum. Ich habe Krebs. Alles ist durcheinander. Ich habe Krebs. Mein Kopf arbeitet. Ich habe Krebs. Draußen vorm Krankenhaus muss ich erst mal eine rauchen. Ich habe Krebs. Ich verabschiede mich von Silke und laufe wie traumatisiert zum Auto.

Ich habe Krebs.

Zuhause angekommen. Was mache ich jetzt? Wen informiere ich zuerst? Meinen Sohn. Ich schreibe ihm, er möge bitte vorbeikommen, so schnell wie möglich. Er ist binnen 5 Minuten da. Er kommt rein und ich falle ihm in die Arme, ich weine, ich sage: „Ich habe Krebs, ich will noch nicht sterben, ich will bei dir bleiben." Er hält mich fest und weint. Ich sage ihm, dass ich ihn liebe. Er sagt, dass er mich auch liebt. Ich danke Gott, dass er in diesem Moment da ist.

Eine halbe Stunde später machen wir uns auf den Weg zu meiner Mutter. Sie sieht es schon an unseren Gesichtern und fängt an zu weinen. „Wieso du und nicht ich? Ich bin alt, bei mir ist es egal." Ich höre mich sagen: „Hey

Mutti, sei froh, dass du es nicht hast, ich schaffe das schon." Trösten wollen, obwohl man selber Trost braucht, das ist gar nicht so einfach.

Mir geht mein Vater durch den Kopf: Kurz vor seinem 55. Geburtstag...

Doris hat Krebs – kurz vor ihrem 55. Geburtstag. Werde ich auch sterben? Ja klar, ich werde definitiv irgend- wann sterben. Aber jetzt schon? Ich will noch nicht. Ich will Julian noch nicht alleine lassen. Er hat doch schon keinen Vater, da kann ich doch jetzt nicht auch noch ein- fach abhauen und das für immer.

Als ich wieder alleine in meiner Wohnung bin, fange ich an, die Menschen zu informieren, die mir nahestehen.

Sie sind natürlich entsetzt, aber alle sind sich sicher, dass ich das schaffen werde. Dann will ich sie mal nicht enttäuschen.

Am Abend gehe ich mit Silke essen und bedanke mich bei ihr, dass sie den Biopsie-Termin für mich wie ein Vor- gespräch hatte aussehen lassen. Ich hätte wirklich nicht schlafen können.

Ein bisschen Ablenkung tut jetzt gut, obwohl wir eigent- lich doch nur über die Diagnose sprechen. Aber ich bin mit meinen Gedanken nicht alleine.

Jetzt bin ich alleine mit der Krebsdiagnose. Meine Gedanken spielen verrückt. Ich habe Angst.

Ich suche im „Fratzenbuch" nach Mitstreiterinnen und werde fündig: Eine Brustkrebs-Gruppe. Nach der Anmeldung bekomme ich den Hinweis, mich der Gruppe vorzustellen und es folgen eine Menge netter Begrüßungen von betroffenen Frauen. Hier verweile ich erst einmal.

Dienstag, 30. Juli 2019

Heute muss ich zur Magnetresonanztomographie (MRT). Kann ja nicht so schlimm sein. Man liegt da halt in der Röhre, macht die Augen zu und gut ist's gewesen.

Ich sitze im Wartebereich und auf einmal kommen mir die Tränen. Ich kann nicht aufhören zu weinen. Mir wird auf einmal bewusst, dass mich das jetzt eine Weile begleiten wird, das Warten in irgendwelchen Wartezimmern irgendwelcher Ärzte.

Nun bin ich an der Reihe, muss mich nackig machen. Ich soll mich auf den Bauch legen und meine Brüste werden durch zwei Öffnungen geschoben, meine Arme auf dem Rücken zusammengebunden, der Kopf liegt auf einer scharfkantigen Öffnung, wo das Gesicht durchpasst. Jetzt fehlt nur noch der Metzger mit seinem Hackebeil. Da hätte er eine Menge zu tun.

Es geht los. Alle gehen raus, das Gerät fängt an zu rattern und zu piepen. Bewegungslos muss man liegen, sonst ist alles umsonst und es beginnt dann wieder von vorne. Nach 10 Minuten bekomme ich Schmerzen an der Stirn, dort wo der Kopf aufliegt. Schweißausbrüche. Nicht bewegen. Schmerz. Ich kann nicht mehr. Ich muss was sagen. Nach einer kurzen Pause bitte ich um ein Handtuch, das man mir sodann zwischen Stirn und der doofen, fiesen Scharfkante legt. Bringt nicht viel. Der Schmerz ist schon zu arg.

Immer und immer wieder vertröstet mich der MRT-Folter-Mann mit den Worten „Noch einen Durchgang, dann haben Sie es geschafft" – „Noch 10 Minuten, dann haben Sie es geschafft" – „Noch einmal, dann haben Sie es geschafft". Der lügt doch?! „Und weil es so gut lief, jetzt noch einmal..." Ich bilde mir ein, ich laufe am Strand. Ich bilde mir ein, ich esse eine Pizza. Ich bilde mir alles Mögliche ein – ein Durcheinander in meinem schmerzenden Kopf. Ich zähle die 10 Minuten rückwärts, um empört festzustellen, dass ich verarscht werde. Ich kann nicht mehr.

Ich k a a a a a n n nicht mehr!!!! Nach 50 Minuten endlich die Erlösung. „Sie haben es geschafft, wir sind fertig." Ich kann es kaum glauben und habe wieder Sympathien für den Folter-Mann.

Man bindet mich los und ich ... kann nicht aufstehen. Meine Arme wollen nicht mehr nach vorne und ich habe keine Kraft, irgendetwas an meiner doofen Position zu ändern. Lasst besser den Metzger kommen...

Es dauert einige Minuten, bis meine Glieder wieder so funktionieren, wie ich das möchte.

Was war das denn bitte für ein Horror? Das geht ja gut los mit den Untersuchungen und das war NUR eine Magnetresonanztomographie! Meine Begeisterung für alles Folgende hält sich in Grenzen.

Ich setze mich ins Auto und heule mal wieder wie ein Schlosshund. Ich schaffe es nicht mehr, mich zusammenzureißen. Aschenbrenner, bleib stark!

Freitag, 2. August 2019

Das Ergebnis des MRT ist da. Meine linke Brust ist voll mit Krebs und wird komplett entfernt. Ich bin geschockt. Kann ich damit leben? Wie wird mein Leben?

Am 8. August ist es soweit. Der 8.8. – da war doch mal was? Ach ja, das war der Kennlerntag mit meinem 8-Jahres-Frank. Der 8.8.88. Ganz schön viele Achten. Und jetzt wird dieser Tag, der 8.8., ein ziemlich doofer Tag.

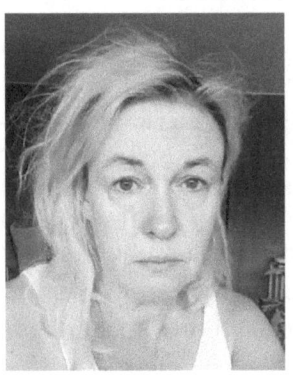

Abends bin ich mal wieder alleine zuhause. Die Gedanken kreisen. Was wird nur aus mir? Was wird mit meiner Arbeitsstelle? Was wird aus meiner langjährigen Beziehung?

Sonnabend, 3. August 2019

Von der Texterin der Band, Corinna, bekomme ich ein Päckchen. Darin enthalten ihr neuestes Buchwerk: „...und der Himmel schweigt". Wie lieb von ihr. Ein Buch mit superschönen Geschichten und Gedichten. Das nehme ich mit ins Krankenhaus.

Heute wären wir in den heiß ersehnten Urlaub gefahren. Stattdessen sitze ich zuhause, krebskrank, alleine und bin todunglücklich.

Spontan treffe ich mich am Abend mit meinen Freundinnen Silke und Natascha, da ich sonst verrückt werde. Wir gehen noch einmal bei unserem Lieblingsitaliener essen. Das Wetter ist so schön, dass man draußen sitzen kann. Ein letztes Mal unter Menschen als „vollständige" Frau. Man sieht mir die Strapazen der letzten Tage an – dicke Ringe unter den Augen. Ich fühle mich furchtbar und bin dankbar, heute die beiden Mädels an meiner Seite zu haben.

Sonntag, 4. August 2019

Ich bin unglücklich aufgewacht. Ich schreie weinend ins Kissen, damit mich niemand im Haus hört. Bin ich so ein Arschloch in meinem Leben gewesen, dass mir das jetzt widerfahren muss? Nein, ich war kein Arschloch. Bestimmt war ich oft ungeduldig, natürlich habe ich auch meine Fehler gemacht, aber ich war kein Arschloch. Und trotzdem fühle ich mich einsam und verlassen wie nie zuvor in meinem Leben.

Ich verliere meine linke Brust. Mein linker Arm ist tätowiert. Gibt es da einen Zusammenhang? Erst im April hatte ich meine Tätowierung erweitert. Ach, ich weiß es nicht. Ich glaube, es führt zu nichts, wenn man sich fragt, wieso, weshalb, warum. Jetzt ist es halt so, jetzt muss ich da durch. Das wird keine gute Zeit, ich muss mich nur darauf einstellen.

Dienstag, 6. August 2019

Morgen muss ich ins Krankenhaus. Ich genehmige mir ein Glas Cola-Whiskey und feiere den Abschied meiner linken Brust. Das kann man am besten alleine. Ich mache die letzten Fotos als vollbusige Frau und finde meine Brust auf einmal wunderschön. Ich nehme meine linke Brust in die Hand, weine dabei und sage, dass es mir leid täte, aber sie müsse weg von mir, damit ich weiterleben kann.

Hey, ansonsten ticke ich ganz normal, aber es war mir ein Bedürfnis, das so zu zelebrieren, um damit fertig zu werden. Schließlich landet meine Brust für lange Zeit in irgendeinem Glas mit Pfropfen, weit weg von mir. Eine Trennung auf ewig. Tschüss, du Brust.

Wenn man erfährt, dass jemand googelt, ob Krebs ansteckend ist, wie geht man damit um? Herzliches Beileid wünschen oder einfach nur stillschweigend den Kopf schütteln? Ich entscheide mich für letzteres.

Mittwoch, 7. August 2019

Heute werde ich stationär im Brustzentrum aufgenommen, da ich noch in eine Praxis zur SentinelLymphNode (Wächterlymphknotenszintigrafie) gefahren werde.

Pünktlich setze ich mich ins Taxi und meine Gedanken schwirren rund um das MRT und ob die mir bevorstehende Untersuchung genauso unangenehm ist.

Ich kann es verneinen. Völlig harmlos und unkompliziert. Man bekommt ein radioaktives Arzneimittel injiziert und dann werden Aufnahmen gemacht. Erleichtert werde ich in die Klinik zurückgefahren.

Ich liege alleine in meinem Krankenzimmer und alleine mit meinen Gedanken. Warten. Morgen ist es soweit.

Im Teenie-Alter hatte ich mich oft geärgert, weil mein Busen so klein war. Später, nach der Geburt meines Sohnes, hatte ich mich geärgert, dass mein Busen so groß geworden war. Jetzt liege ich hier und ab morgen bin ich linksseitig flach und rechtsseitig vollbusig.

Das haste nun davon, Aschenbrenner, jetzt haste beides! Also keinen Grund mehr zum Ärgern.

Einen Aufbau lasse ich nicht machen. Ich möchte keine

weiteren Operationen, die vielleicht zu Komplikationen führen könnten. Ich bleibe einseitig flach und die Menschen, die mich lieben, lieben mich auch ohne Brust.

Das wäre ja auch noch schöner, wenn mich nur mein Busen ausmachen würde. *„Da kommt die Brust Doris"*, *„Guten Tag Brust Aschenbrenner, wie ist das werte Befinden?"* – bei dem Gedanken muss ich schmunzeln und merke währenddessen, dass es nicht wichtig ist, ob man mit oder ohne Brust durch das Leben geht.

Die Operationen

8:00 Uhr – eine fast schlaflose Nacht. Wache ich nach der Narkose wieder auf? Werde ich Schmerzen haben? Wird der Krebs dann weg sein? Man sagte mir, man würde drei Wächterlymphknoten entfernen, um zu schauen, ob diese befallen wären. Was passiert denn, wenn sie befallen sind? Ist der Krebs auch noch woanders? Ist das jetzt hier meine Endstation? Ja, ich habe Angst. Ganz, ganz große Angst wie nie in meinem Leben zuvor. Todesangst. Werde ich Weihnachten noch erleben? Man hört ja immer wieder, wie schnell eine Krebserkrankung fortschreiten kann.

8:30 Uhr – es geht bald los. Mir wurden beruhigende Medikamente verabreicht. Ich verabschiede mich via WhatsApp von meinen Lieben, natürlich mit der Nachricht, dass ich mich sofort melde, wenn ich wieder auf meinem Zimmer bin.

16:00 Uhr – ich habe es geschafft bzw. die Ärzte haben es geschafft, mich wieder zu erwecken und mich um eine Brust leichter zu machen. Die Ärztin sagt mir, dass die Wächterlymphknoten im ersten Schnellschnitt gut ausgesehen hätten. Ich bin erleichtert! Mir wurde eine Drainage für den Wundabfluss gelegt. Alles halb so wild. Sieht nur etwas ekelig aus.

Meine erste Besucherin ist meine Freundin Natascha. Selbst schwer krank, aber immer so positiv und humorvoll. Sie tut mir so gut und ich bin unendlich froh, dass sie bei mir ist. Menschen, die mich zum Lachen bringen, sind bei mir immer genau richtig, denn das brauche ich jetzt. Ihr Besuch ist seelischer Aufbau mit Humor.

Die Nacht ist so lala. Nur auf dem Rücken zu liegen ist auch nicht gerade prickelnd. Aber ich bin guter Dinge, weil alles so prima ablief und das erste Ergebnis wunderbar ist. Auf die flache Stelle meines Brustkorbs mag ich gar nicht schauen. Decke drüber und nicht weiter nachdenken.

Endlich Frühstück! Und was für eins – mit Körnerbröt-chen, Schinken, Tomate, Salat, Obst – also wirklich, bes-ser ist es im Hotel auch nicht. Ich haue mir natürlich al-les rein, was ich auf dem Tablett finden kann. Ich habe keine Schmerzen, ich habe Hunger. Das Leben ist schön.

Nach dem wunderbaren Frühstück kommt die Visite. Meine operierende Ärztin tritt an mein Bett und während ich sie anstrahle, nehme ich ihr ernstes Gesicht wahr. „Frau Aschenbrenner, wir müssen heute noch einmal operieren. Die Wächterlymphknoten waren befallen."

Klong! Das hat gesessen. Meine und die Gesichtszüge meiner mittlerweile eingetroffenen Besuchsgäste wie meine Mutter und Natascha entglitten in ein starres Et-was.

Verdammte Scheiße, was soll das denn jetzt? Letzten Monat war ich doch noch gesund und munter. Vor 7 Wo-chen hatten wir noch diesen Bandauftritt auf der Bene-fizveranstaltung, die zugunsten eines Kinderhospizes organisiert wurde. Und jetzt bin ich todkrank? Was für ein Albtraum. Ich habe das Gefühl, wahnsinnig zu wer-den und ich möchte nur noch um mich schlagen.

Die Operation wird für den Nachmittag angesetzt, weil ich so fürstlich das Frühstück in mich reingeschaufelt hatte.

Vielleicht war das meine Henkersmahlzeit? Nun ja, wenigstens eine ziemlich leckere Zusammenstellung.

15:00 Uhr – das ist der längste Nachmittag meines Lebens. Ich bin ultranervös.

16:00 Uhr - ein zweites Mal werde ich in den OP-Raum gefahren und zum zweiten Mal frage ich: „Werde ich wieder wach? Ich hatte doch gestern erst Narkose..." „Ja, Sie werden wieder wach, versprochen."

20:40 Uhr – ich bin tatsächlich wieder wach geworden. Nun habe ich noch einen weiteren Drainageschlauch aus dem Bett baumeln. Schmerzen habe ich keine, wage aber auch nicht, mich zu bewegen. Ich muss schlafen, bin sooo müde.

Sonnabend, 10. August 2019

Irgendwie weiß ich gar nicht, wie es mit mir weitergehen soll. Die Entlassung aus dem Krankenhaus erfolgt erst, wenn die Wundflüssigkeit weniger geworden ist. Aber ich habe keine Eile, denn hier bin ich ja am besten aufgehoben. Ich bin auch schon aufgestanden, etwas wackelig auf den Beinen, aber im Großen und Ganzen geht es mir gut.

Meine Freundin Ela kommt mich am Nachmittag besuchen, auch sie ist voller Sorge. Sie hatte ihre Mama und ihre Schwiegermutter an Krebs verloren. Es ist schön, wie mir alle Mut machen und in mir eine Stärke sehen, die ich gerade so gar nicht spüren kann.

Gleich im Anschluss kommen Caro und Sebastian, gerade aus dem (unserem) Dänemark-Urlaub zurück. Die beiden sind so lieb und kredenzen mir leckeren, dänischen Kuchen. Davon kann man ja nur gesund werden.

Gegen Abend kommt Julian. Er ist jeden Tag da. Da klopft es erneut an der Tür – Sandra und Frank kommen herein und bringen mir Kartoffelsalat. Also, abnehmen werde ich hier im Krankenhaus definitiv nicht. Das sollte auch mein kleinstes Problem derzeit sein. Plötzlich klopft es wieder und nun steht auch noch mein Chef, Jörg, in der Tür. Alle sind so lieb und sprechen mir Mut zu. Aber nach dem ganzen Besuchstrubel bin ich doch ziemlich erledigt und möchte nur noch schlafen.

Sonntag, 11. August 2019

Am Nachmittag ein Überraschungsbesuch: Meine Mutter kommt mit ihrem Bruder, meinem Onkel Andreas. Sein Anfahrtsweg ist etwas länger, deshalb hätte ich nie mit ihm gerechnet. Er sitzt an meinem Krankenbett, hält meine Hand und ist sichtlich betroffen. Er hat rührende Worte für mich und versucht, mir Kraft zu geben. Ich bin so dankbar dafür.

Morgen steht das CT-Thorax/Abdomen an. Es wird untersucht, ob meine Organe frei von Metastasen sind. Und wieder überkommt mich ein ungutes Gefühl. Was kommt noch alles auf mich zu? Wie werde ich damit fertig?

5:00 Uhr – ich habe kaum geschlafen. Was passiert mit mir? Meine Organe, sind auch sie befallen? Krebs tut nicht weh, Krebs spürt man nicht, hatte ich immer gelesen. Ich habe geraucht. Meine Lunge. Ob meine Lunge noch okay ist? Ich weine.

Ich erhalte die Nachricht, dass man mir 25 Lymphknoten entnommen hat und davon waren 17 befallen. Kein gutes Zeichen. Das macht mir noch mehr Angst vor dem Ergebnis, was meine Organe angeht. Mittlerweile jagt eine Hiobsbotschaft die nächste und ich fühle mich so hoffnungslos.

Die CT-Untersuchung ist unspektakulär. Nichts im Gegensatz zum Folter-MRT. Man bekommt Kontrastmittel gespritzt und für einen kleinen Moment wurde mir etwas komisch, aber es war nicht schlimm. Das Ergebnis soll ich am nächsten Tag bekommen. Wie soll ich das denn aushalten?

Ein Herzecho wurde heute auch durchgeführt. Das ist einfach nur Ultraschall vom Herz.

Ich habe wieder eine schlaflose Nacht gehabt. Ich weine viel, fühle mich sehr alleine. Ich habe Todesangst. Ich bekomme Besuch von der Psychoonkologin der Klinik. Sie kann mich etwas beruhigen.

Und plötzlich vor dem Mittagessen geht die Tür auf – Visite! „Frau Aschenbrenner, Ihre Organe sind frei." Ich kann mein Glück kaum fassen und hake zur Sicherheit noch mal nach: „Und meine Lunge???" „Alles tipptopp in Ordnung." Auch das Herzecho zeigte keine Auffälligkeiten. Ich sehe auch die Freude in den Augen der Ärztin, ich weine vor Erleichterung und könnte die Welt umarmen. Endlich auch mal gute Nachrichten. Vielleicht darf ich doch noch ein bisschen weiterleben.

Ich bekomme nun auch Lymphdrainage und ein bisschen Armgymnastik jeden Tag. Mein linker Arm ist sehr eingeschränkt in den Bewegungen, aber das wird schon wieder.

Nun warte ich also auf das Ergebnis der Tumorkonferenz, ein Zusammenschluss von Fachärzten, die den medizinischen Zustand und die Behandlungsmöglichkeiten eines jeden einzelnen Krebspatienten besprechen.

Mittwoch, 14. August 2019

Heute sitzt die Psychoonkologin wieder neben mir. Sie schlägt mir vor, dass ich doch mal meine nicht mehr vorhandene Brust anschauen solle. Das habe ich mich bisher nicht getraut. Irgendwann muss es ja mal soweit sein. Ich habe Schiss davor, was ich zu sehen bekomme.

Ich gehe zum Spiegel und öffne mein Hemd. Ich habe wirklich Schwierigkeiten, mich zu betrachten, mache es dann aber ganz schnell. Ein Schreck. Komisch sieht das aus. So nach innen gebeult. Ich weine. Es wird dauern, bis ich es mir das nächste Mal ansehen kann. Mir reicht das erst mal.

Lieber Besuch am Nachmittag. Natascha kommt mit ihrem Sohn Noel. Ich freue mich über die Abwechslung. Das Wetter ist herrlich, wir sitzen draußen vor dem Krankenhaus-Café und vertreiben uns die Zeit mit Kuchen und Wespen.

Donnerstag, 15. August 2019

Ich darf nach Hause!!! Endlich war die Wundflüssigkeit so gering, dass man mir die Drainagen ziehen konnte. Das schmerzt überhaupt nicht.

Mein Brustkrebs ist hormonell bedingt, ansonsten sagen mir die Bezeichnungen in meiner Diagnose noch gar nichts. Ich soll nicht googeln, sagt man mir. Das würde nur verunsichern. Wenn ich unsicher bin, soll ich meine Ärzte fragen. Ich werde versuchen, mich dran zu halten, sonst macht man sich ja völlig verrückt.

Das Tumorboard hat getagt und nun steht fest: Ich bekomme dosisdichte Chemotherapie (ETC) und Bestrahlung. Ach, das schaffe ich auch noch. Natürlich wird das kein Spaziergang. Am 09.09. soll die Chemo beginnen. Am 30.08. wird der Portkatheder (Kurzform: Port) implantiert. Aber jetzt erhole ich mich erst mal 14 Tage. Zweimal die Woche soll ich Lymphdrainage bekommen, lebenslänglich, um ein Lymphödem zu verhindern. Ich habe einen ortsansässigen Physiotherapeuten gefunden.

Freitag, 16. August 2019

Ich fürchte mich vorm Duschen. Ich ziehe mich so aus, dass ich mich nicht im Spiegel sehe. Das Wasser stelle ich nur auf lauwarm. Vor was habe ich eigentlich Angst? Die Narbe ist gut verheilt. Es kann gar nichts wehtun, zumal der Brust- und Achselbereich sowieso taub ist.

Ich habe das Duschen überlebt und werde mich auch künftig waschen. Aber in den Spiegel schaue ich noch lange nicht.

Ich trage jetzt eine Brustprothese und denke, dass ich gut damit leben kann.

Sonnabend, 17. August 2019

Heute ist Feuerwehrfest in unserem Dorf. Ich fühle mich tatsächlich in der Lage, dort hinzugehen. Ich traue mich auch, ein Glas Wein zu trinken. Es ist ein schöner Abend, der mir zeigt, dass es irgendwann wieder aufwärts gehen wird. Es tut gut, mal wieder unter Menschen zu sein.

Meine Nächte sind der Horror und ziemlich durchwacht. Ich liege die meiste Zeit auf dem Rücken und auf der rechten Seite, beides Liegepositionen, die mich nicht einschlafen lassen.

Heute habe ich Termin zur Knochenszintigraphie in einer hannoverschen Endokrinologie, eine Untersuchung des Knochenstoffwechsels. Viel Zeit soll ich einplanen. Ich bete zu Gott, dass ich keine Knochenmetastasen habe.

Mir wird eine radioaktive Substanz in die Vene gespritzt und danach muss ich drei Stunden warten. In dieser Zeit habe ich die Auflage, viel Flüssigkeit zu trinken – mindestens 2 Liter, bestenfalls 3 Liter. Wie überbrücke ich jetzt drei Stunden? Ich gehe in die Innenstadt Hannovers und shoppe erst mal eine Runde. Mache ich sonst sehr selten. Ich hasse shoppen. Aber in diesem Fall halte ich es für eine gute Idee.

Nach drei Stunden finde ich mich wieder in der Praxis ein – zusammen mit meinen zwei großen Einkaufstüten.

Sodann werden die Röntgenaufnahmen gestartet. Das dauert ungefähr 30 Minuten und ist völlig unkompliziert in bequem liegender Position.

Kurze Wartezeit, dann kommt der Arzt, drückt mir einen Umschlag in die Hand und sagt: „Frau Aschenbrenner, es sieht alles gut aus, es gibt keinen Hinweis auf Knochenmetastasen." Was für ein wundervoller Tag! Ich könnte noch mal shoppen gehen.

Donnerstag, 22. August 2019

Beim Einkaufen begegne ich einer Bekannten. Sie fragt mich, wie es mir gehen würde. Ich antworte wahrheitsgemäß: „Nicht so besonders, ich habe Brustkrebs." Die Reaktion: „Ach, Brustkrebs, das ist doch nicht schlimm..." Ich schaue etwas verdattert drein und denke so: *Bitte was? Mein ganzes Leben steht Kopf. Ich weiß noch nicht, ob ich diesen Scheiß überlebe. Was laberst du da?* Wahrscheinlich wollte sie nur trösten.

Freitag, 30. August 2019

Eine weitere Etappe steht mir bevor. Der Port wird heute implantiert.

Eine örtliche Betäubung wird gesetzt und zum Glück merke ich nichts von dem Implantieren. Danach gibt es Tee und Kekse. Damit kriegt man mich immer. Nach zwei Stunden kann ich nach Hause. Leider kommt kein Taxi und ich schleppe mich müde und zu Fuß 1,5 Kilometer zur Bushaltestelle. Ich bin fix und fertig, als ich das Wartehäuschen erreiche.

Zuhause angekommen lege ich mich erst einmal hin, die Schmerzen halten sich wirklich in Grenzen. Aber auf die rechte Seite lege ich mich nicht. Links geht auch nicht, bleibt nur noch die Rückenlage. Doof, aber nun ist es halt so. Fernseher an, irgendwann werde ich darüber einschlafen.

Noch 10 Tage, dann geht die Chemo los.

Sonnabend, 31. August 2019

Ich mache mir Gedanken. Warum habe ich nicht früher gemerkt, dass mit mir etwas nicht in Ordnung ist? Zwei Monate vor der Diagnose war ich oft sehr schlapp, sehr müde, gereizt – mein Körper wusste wohl schon Bescheid, nur ich konnte die Zeichen irgendwie nicht erkennen.

Montag, 2. September 2019

Termin bei meinem Gynäkologen. Ich empfinde ihn als sehr reserviert. Jahrelang ist er mein Frauenarzt und jetzt, wo ich so krank bin, wird er komisch. Oder werde ich komisch?

Er überprüft die Narbe und den Achselbereich. Es schmerzt überall und die linke Seite ist geschwollen. „Punktieren ist nicht nötig", sagt er. Und was er dann sagt, zieht mir mal wieder glatt den Boden unter den Füßen weg: „Frau Aschenbrenner, Ihre Stuhlprobe zur Darmkrebsvorsorge von Juli (!) war auffällig." *Auffällig –* wie ich dieses Wort mittlerweile hasse. Und hallo? Wieso wurde ich im Juli nicht gleich angerufen? Wir haben September! In diesem Moment wird mir bewusst, dass ich den Frauenarzt wechseln werde.

Ich habe gleich bei meinem Hausarzt angerufen und darum gebeten, dass ich eine Stuhlprobe abgeben darf. Ich darf sofort kommen.

Donnerstag, 5. September 2019

Hipp hipp hurra! Das Ergebnis der Stuhlprobe ist da – und negativ. Yeah! Trotzdem wird mir geraten, eine Darmspiegelung durchführen zu lassen, wenn ich mit der Akuttherapie durch bin.

Freitag, 6. September 2019

Ich wünsche mir jemanden an meiner Seite, der mich in den Arm nimmt, mir die Hand hält, der einfach da ist. Ich fühle mich so hilflos, so ausgeliefert. Es ist furchtbar, so alleine in der Wohnung zu sitzen und drüber nachzudenken, wie die Zukunft aussehen wird, sofern es noch eine Zukunft gibt.

Heute habe ich mir die Haare abrasieren lassen. Meine Onkologin sagte mir, dass mir nach der zweiten Chemogabe die Haare ausfallen werden. Da fackele ich doch nicht lange. Ab mit den Strippen. Ich summe plötzlich „Nothing Compares to You". Warum wohl?

Sonnabend, 7. September 2019

Ich verabrede mich mit Natascha und wir verbringen bei ihr einen schönen Abend bei Aperol-Spritz und leckerem Essen. Sie tut mir so gut, wir lachen wieder einmal sehr viel und ihr Hund Tyson hat mich ins Herz geschlossen – ich ihn auch.

Sonntag, 8. September 2019

Mir geht es schlecht. Ich habe steigendes Fieber. Meine operierte Brust schmerzt und weist eine Rötung im Achselbereich auf. Gestern hatte ich davon noch nichts bemerkt, alles war normal. Julian fährt mich ins Krankenhaus.

Die Chemo für morgen ist abgesagt, ich muss im Krankenhaus bleiben und bekomme intravenös Antibiotikum.

Dienstag, 10. September 2019

Keine Verbesserung. Das Antibiotikum wirkt nicht, die Rötung ist großflächiger geworden. Gestern wurde ich punktiert, das war sehr unangenehm. Die Behandlung wurde abgebrochen und wird heute fortgesetzt. Was für ein Mist. Das Fieber sinkt und steigt wieder, die Entzündung geht nicht weg. Ich bin frustriert.

Mittwoch, 11. September 2019

Ich mag nicht mehr. Ich werde wieder punktiert, weil sich immer wieder Wundwasser unterhalb des Achselbereichs bildet. Die Rötung geht auch nicht weg und nimmt mittlerweile den gesamten linken Brustbereich ein. Man befürchtet einen Keim.

Donnerstag, 12. September 2019

Die Medikation wird umgestellt. Ich bekomme ein stärkeres Antibiotikum. Ich hoffe, dass es jetzt endlich anschlägt. Mir wurde erklärt, dass – wenn die Entzündung bzw. Rötung nicht weg geht – man noch mal operieren müsse. Man befürchtet eine septische Wundheilungsstörung. Die Haut kann absterben, müsse dann entfernt, gesunde Haut irgendwo weggenommen und an die Stelle transplantiert werden.

Bitte nicht auch das noch! Was zum Teufel ist denn los mit mir? Irgendwie komme ich nicht mehr richtig auf die Beine. Wenn auch alle hier so lieb sind - ich möchte nicht mehr im Krankenhaus liegen. Ich will wenigstens zu Hause leiden, da leidet es sich besser.

Sonnabend, 14. September 2019

Ich resigniere. Ich hänge hier am Antibiotikum-Tropf und nichts verbessert sich. Ich kann meine Frustration kaum in Worte fassen. Ich hätte jetzt schon einmal Chemo hinter mir gehabt. Stattdessen verplempere ich hier die kostbare Zeit mit so einer doofen Entzündung – woher auch immer die kommt.

Montag, 16. September 2019

Über eine Woche bin ich jetzt schon im Krankenhaus. Die Rötung scheint rückläufig zu sein. Endlich!!! Ich habe auch nicht mehr so hohes Fieber. Ein gutes Zeichen?

Dienstag, 17. September 2019

Ja, jaaaaa!!! Die großflächige Rötung geht tatsächlich

zurück. Man hat gestern eine Stelle mit einem Stift markiert und heute ist die Rötung dahinter. Große Freude!

Donnerstag, 19. September 2019

11:00 Uhr - nach 11 Tagen Krankenhaus darf ich endlich wieder nach Hause! Himmel, bin ich froh. Alles ist wieder im grünen Bereich und ich soll umgehend in der Onkologie anrufen, damit die Chemo beginnen kann. 17:00 Uhr - erledigt. Meine nette Onkologin teilt mir mit, dass die dosisdichte ETC-Chemo am 24.09. beginnen kann. Drei Blöcke: Epirubicin, Taxol, Cyclophosphamid, jeweils dreimal alle zwei Wochen. Ende Januar bin ich durch. Dosisdicht erhalte ich wegen des hohen Lymphknotenbefalls. Das Immunsystem wird dabei wohl auf null runtergehen, wo jeder eingeschleppte Erreger zur Lebensgefahr werden kann.

Isolation, ich komme!

Arschloch Krebs, jetzt geht es dir an den Kragen!

Die Chemotherapie

Dienstag, 24. September 2019

Das Taxi kommt um 7:15 Uhr, um mich zur Onkologie nach Hannover zu bringen. Ich habe mir was zu trinken und ein bisschen zu essen eingepackt. Lt. Plan wird die Chemo heute ca. 2,5 Stunden dauern.

Zwei Chemo-Räume gibt es, die um 8.00 Uhr geöffnet werden, die Patienten stürmen rein und suchen sich einen Stuhl. Ich nehme den kleineren Raum mit vier Plätzen, in dem schon drei Frauen sitzen. Ich setze mich in den verbliebenen Stuhl, der einem Zahnarztstuhl ähnlich kommt und warte auf die Dinge, die nun passieren sollen. Die drei Frauen scheinen sich schon zu kennen. Sie scherzen und lachen miteinander. Ich denke so: *Was lachen die denn? Das ist doch nicht komisch hier.* Ich bin aufgeregt und verunsichert. Zuerst werden die Blutwerte getestet. Wenn die Werte nicht in Ordnung sind, wird man wieder nach Hause geschickt. Ich darf bleiben.

Dann kommt die Arzthelferin rein mit dem Schälchen in der Hand, in dem die Portnadeln liegen. Zum ersten Mal wird mein Port angestochen. Das piekt etwas, aber es gibt Schlimmeres. Nun bekomme ich eine Stunde Aprepitant über den Port, das ist gegen Übelkeit und evtl. Erbrechen. Danach wird ein Beutel Dexamethason (Kortison) in meinen Körper entleert. Nach 15 Minuten gibt es dann das Epirubicin, eine rote Flüssigkeit. Sieht aus wie Aperol und ich muss an Natascha denken.

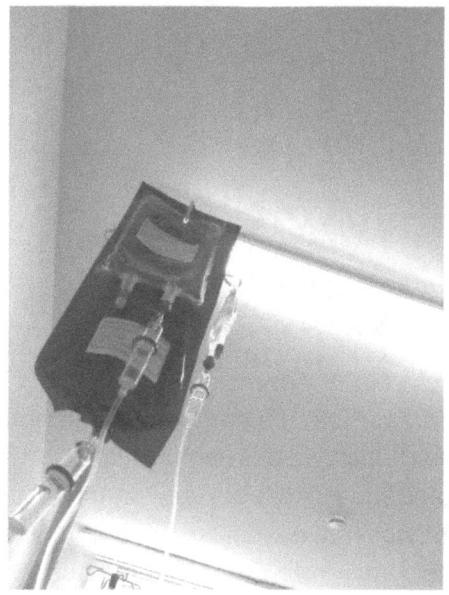

Eine Stunde fließt das Zeug nun tröpfchenweise in meinen Körper. Bei meiner Stuhlnachbarin stellen sich mittlerweile Probleme ein, so dass man die Chemogabe kurz unterbrechen muss. Sie bekommt dieselbe Chemotherapie wie ich, ist aber schon einen Block weiter, also bei Paclitaxel. Ob es mir genauso ergehen wird? Mittlerweile haben wir Chemo-Frauen uns gegenseitig vorgestellt. Nicole, Nicky und Steffi - alle drei sind sehr nett und erleichtern mir diesen ersten Tag ungemein. Nun lache ich mit ihnen.

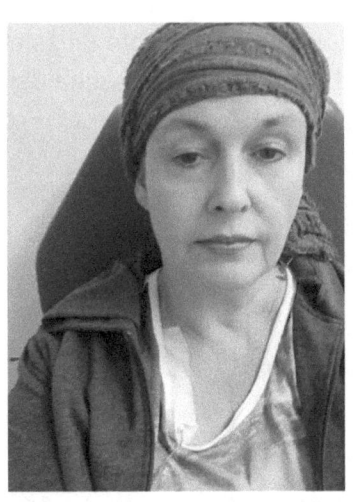

Gegen halb zwölf bin ich mit meiner Chemo durch und das Taxi fährt mich wieder nach Hause. Dort nehme ich sofort Tabletten gegen Übelkeit, damit erst gar keine aufkommt. Viel trinken soll man. Beim Wasserlassen kommt das ganze rote Zeug wieder raus. Umso mehr man trinkt, umso schneller rutscht es durch. Ich trinke wie ein Weltmeister.

Jetzt esse ich erst mal eine Tiefkühlpizza, danach einen Baumkuchen und Weingummi wird auch noch hinterhergeworfen. Warum tue ich das? Was sind denn das für Gelüste?

Ich habe das Verlangen, mich hinzulegen, schlafe immer mal kurz ein und jedes Mal, wenn ich wach werde, fühle ich mich schlechter - leichter Schwindel, kraftlos, Hitzewallungen, leichte Panikattacken. Jetzt sitze ich aufrecht auf meinem Sofa und will wach bleiben, weil ich das Gefühl habe, ansonsten die Kontrolle zu verlieren.

22:00 Uhr - ich mag nicht in meinem Schlafzimmer schlafen. Ich baue mein Sofa zum Bett um, schalte den Fernseher ein, der die ganze Nacht dudelt. Es ist ein doofes Gefühl, wenn man nicht weiß, was mit einem passiert. Und wenn etwas passiert, bekommt es keiner mit. Ich bin so traurig. Mein ganzes Leben läuft noch mal gedanklich an mir vorbei. Soll es das schon gewesen sein? Irgendwie habe ich immer noch auf was Besonderes gewartet, aber mit Sicherheit nicht auf diesen Käse hier.

Mittwoch, 25. September 2019

Heute muss Silke kommen und mir meine Neulasta-Spritze geben. Ich kann das selber nicht. Beim Anblick einer Nadel bekomme ich das große P (wie Panik) in den Augen. Ich muss diese Spritze bekommen, damit sich die weißen Blutkörperchen wieder vermehren können.

In meinem Therapieplan steht, dass ich diese Spritzen während der gesamten Dauer der Chemotherapie bekommen muss. Immer am Folgetag nach der Chemo für drei Tage.

Gegen die Hitzewallungen in der Nacht habe ich ein leckeres Mittel: Ich esse einfach Vanilleeis.

Es ist früh am Tage (3:15 Uhr in der Nacht) und ich habe mal wieder Langeweile. Und was macht man, wenn man Langeweile hat? Man isst. Ich zumindest. Nun darf ich aber nichts essen wg. Blutabnahme um 8.00 Uhr. Verstehe ich zwar nicht, aber hat man mir so gesagt. Also lenke ich mich, während ich auf meine Löffelbiskuits schiele, mit Schreiben in mein Tagebuch ab. Ich liebe übrigens Löffelbiskuits mit Kakao.

Was mich zurzeit diesen ganzen Scheiß durchstehen lässt, ist der Gedanke an meine Musik, ein schönes Hobby, das von allem Mist ablenkt und der Seele so gut tut. Wann werde ich wieder so fit sein, dass ich spielen kann? Ich schaue mir unsere Musikvideos an und werde schon wieder traurig. Wie ahnungslos ich da gewesen bin, obwohl ich schon krank war.

Heute bekomme ich die zweite Dröhnung Epirubicin. Ich hoffe, dass sich die Nebenwirkungen in Grenzen halten. Nicole, Steffi und Nicky sind auch wieder dabei. Wir schnattern viel und lachen, ein lustiger Raum. Das muss sehr verstörend wirken auf die, die draußen auf den Wartestühlen sitzen. Im Nebenraum ist es immer ganz still.

12:40 Uhr – ich habe die Chemo hinter mir und mache mich auf zu einem 1,5 km Spaziergang. Zuvor nehme ich die Tablette gegen Übelkeit ein. Das mache ich nach jeder Chemogabe, prophylaktisch. Ich mag mich nicht übergeben.

13:30 Uhr – ich bin fertig und kaum noch die Treppe hochgekommen.

Schlafen.

Mittwoch, 9. Oktober 2019

1:20 Uhr - Milchreis in der Nacht vertreibt Sodbrennen und Schmacht.

Die Nebenwirkungen sind sehr unangenehm. Fieses Sodbrennen, Gliederschmerzen, das linke Auge macht irgendwelche komischen Lichtblitze, bin duselig im Kopf. Ich hoffe, es wird nicht schlimmer. Ich mache mir einen Teller Milchreis, davon wird mir nicht übel.

3:00 Uhr – Panikattacke. Ich habe das Gefühl, mein Brustkorb verkrampft sich und schnürt mir alles zu. Ich gehe auf und ab, trotz heftiger Schmerzen in den Gliedern. Am Heulen bin ich auch mal wieder. Wenn es mir jetzt schon so mies geht, wie wird das dann in ein paar Wochen sein? Bitte lass diese Nacht schnell vorbei gehen.

Freitag, 11. Oktober 2019

Meine Haare fallen büschelweise aus, also die, die nach der Rasur schon wieder nachgewachsen waren. Ein komisches Gefühl. Ich sitze mit einem Teller auf dem Sofa und ziehe mir die Haare aus dem Schädel. Das geht ganz leicht. Dann kommt wieder der Kasperkopp in mir durch und ich mache Fotos von mir mit Bart. Meine ausgefallenen Haare eignen sich wunderbar für ein Bart-Toupet. Spaß muss sein, auch wenn die Lage ernst ist.

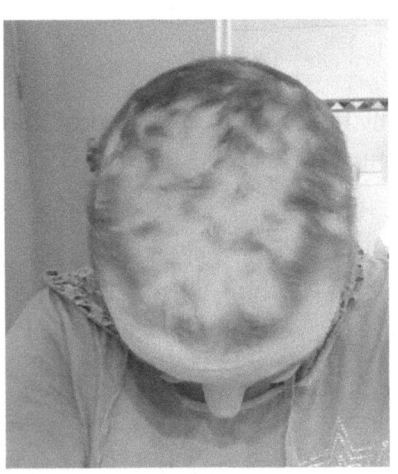

Ich trage Kopftücher. Damit kann ich gut leben. Zusätzlich habe ich noch einen Haarkranz, den ich unter dem Tuch tragen kann, dann schauen ein paar Haare heraus. Julian gibt mir ab jetzt die Neulasta-Spritzen. Er hat es sich von Silke zeigen lassen. Ich frage mich, was in ihm vorgeht, dass er seine Mutter, die ja immer fit und stark war, so sehen muss. Er spricht nicht darüber und ist so tapfer. Ich versuche auch, ihn nicht allzu sehr damit zu belasten, wie miserabel es mir geht. So sind halt Mütter – Kinder bleiben Kinder und die muss man vor dem Bösen beschützen. Ich liebe ihn so sehr. Seine bloße Anwesenheit gibt mir unendlich viel Kraft.

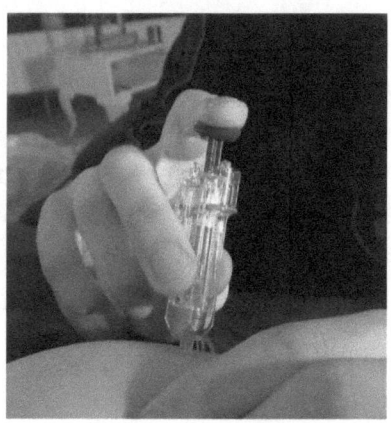

Sonntag, 13. Oktober 2019

Es geht gar nichts mehr. Ich bin so müde und schlapp, ich habe Gliederschmerzen, ich mag nicht mehr sprechen, ich kann nicht mehr denken, ich will nur noch liegen und endlich mal schlafen, aber schlafen geht auch nicht. Ich weiß nicht, wie ich liegen soll. Mich auf die linke Seite zu drehen, das traue ich mir immer noch nicht zu. Alles Weinen und Schreien helfen nicht. Ich bin verzweifelt und habe Todesangst.

Wenn mir etwas passiert, bekommt es niemand mit. Julian und noch eine Person haben jeweils einen Wohnungsschlüssel. Mehr als drei Schlüssel habe ich nicht und irgendwie sollten Caro und Sebastian, die ja nebenan wohnen, einen Schlüssel bekommen, damit diese im Notfall meine Wohnung betreten können, wenn Julian nicht da ist. Das würde mir ein besseres Gefühl geben.

Dienstag, 15. Oktober 2019

Spontanes Grillen mit Caro und Sebastian in unserem Garten. Ich brauche mich nur in den Gartenstuhl plumpsen lassen. Wir lieben diese Abende und jeden Sommer wird das ausgiebig zelebriert. Diesen Sommer ist all das auf jeden Fall zu kurz gekommen.

Mittwoch, 16. Oktober 2019

Treffen mit meinen Chemo-Mädels. Wir gehen beim Italiener frühstücken und weiten das Ganze zum Mittagessen aus. Wenn es etwas zu essen gibt, bin ich immer dabei.

Wir sind ein lustiger Haufen. Zwar klagen wir uns auch gegenseitig unser Leid, aber noch viel mehr lachen wir zusammen. Das ist so wichtig. Einfach mal die Gedanken auf etwas anderes lenken. Ich bin so happy, dass wir uns kennen gelernt haben.

Im November wird mein Bausparvertrag fällig und ich kann nur sagen: Gott sei Dank! Finanziell ist es eine kleine Katastrophe, als Alleinverdienerin mit Krankengeld über die Runden zu kommen.

Freitag, 18. Oktober 2019

Alle zwei Wochen muss ich zu meinem Hausarzt, dort wird ein großes Blutbild gemacht. Bis jetzt sind meine Werte okay, etwas niedriger als sonst, aber chemotauglich.

Sonnabend, 19. Oktober 2019

Heute trifft ein Paket ein. Was für eine Überraschung! Von meiner Internet-Freundin Debbie aus den USA. Eine selbst genähte Tasche in Patchwork-Art mit meinem Vornamen eingestickt. So süß! Eine Schlafmaske, Desinfektionsmittel, Rätselbücher in Englisch und amerikanische Nachos. Alles liebevoll verpackt. Ich freue mich so sehr darüber.

Sonntag, 20. Oktober 2019

Heute habe ich das Gefühl, dass es mir ein wenig besser geht. Ich darf gar nicht dran denken, dass ich am Dienstag wieder einen über den Schädel bekomme. Ach nein, nicht ich, das Arschloch Krebs in mir bekommt eins über den Schädel. Viele geben ihrem Krebs einen liebevollen Namen, bei mir heißt er nur Arschloch. Arschlöcher haben in meinem Leben nichts zu suchen.

Am Nachmittag gehe ich mit Natascha und ihrem Hund Tyson im Wald spazieren, danach kehren wir noch in einer Waldgaststätte ein und lassen es uns gut gehen. Ein schöner Tag.

Dienstag, 22. Oktober 2019

Die letzte Gabe Epirubicin, jetzt ist der erste Block geschafft. Ein Teufelszeug. Die Gliederschmerzen sind zum Teil unerträglich. Mittlerweile bleibt auch der Appetit weg.

Nichtsdestotrotz habe ich heute Käsekuchen für meine Chemo-Mädels mitgebracht. Wenn schon Chemo, dann wenigstens mit Genuss! Ein älterer Herr sitzt ebenfalls in unserem Raum und er freut sich riesig über das Stück

Kuchen. Alles richtig gemacht, Doris! Nickys Tochter ist auch immer da und steht ihrer Mama bei. Außerdem geht sie los und besorgt Kaffee, wenn es uns danach gelüstet.

Wieder zuhause. Nachts, wenn ich mal für ein Stündchen einschlafe, wache ich mit Panik wieder auf und dann bleibe ich wach. So ist es jede Nacht. Ich weine viel. Viel zu viel und völlig untypisch für mich. Meine Seele schreit. Ich habe das Lieblingsstofftier meines Sohnes, als er noch klein war, in meinem Arm. Ich bin so wahnsinnig unglücklich. Was soll nur werden?

Ich denke wieder einmal an die Zeit danach und halte mich erneut daran fest, dass ich irgendwann mit meiner Band wieder auftreten werde, ein Comeback. Das werde ich schaffen. Das muss ich schaffen. Ein Ziel haben, das ist jetzt lebensnotwendig für mich.

Sonnabend, 26. Oktober 2019

Ich kann nicht mehr. Ich schaffe das doch nicht. Ich will nicht mehr. Alles tut weh. Die Glieder, der Mundinnenraum, ich habe keine Kraft mehr zu laufen, ich mag nicht reden, ich mag nicht telefonieren. Ich liege nur noch auf dem Sofa und starre ins Leere ohne irgendwelche Gedanken – nur das eine: Ich schaffe das nicht. Mitunter schreie ich ins Kissen, voller Schmerzen und Verzweiflung.

Mein gesamter Körper ist blank, also frei von Haaren. Nur die Wimpern und die Augenbrauen halten sich noch hartnäckig.

Montag, 28. Oktober 2019

Heute sind Konzerttickets eingetroffen. Eine Metal-Band aus New York, eine meiner Lieblingsbands, kommt am 18. Februar 2020 nach Hannover und da MUSS ich hin. Zwei VIP-Karten habe ich für meinen Sohn und mich geordert. Man gönnt sich ja sonst nichts. Ich muss das schaffen und ich muss unbedingt mit meiner Onkologin sprechen - vielleicht kann man die Chemo auch „drum herum bauen". An diesem Termin kann ich mich jetzt auch festhalten.

Da ich ja nur noch im Wohnzimmer liege, habe ich auf meinem Balkontisch ein Vogelhäuschen aufgebaut, ganz viel Futter verstreut, damit ich den Piepmätzen zuschauen kann, weil manchmal auch das Fernsehprogramm zu anstrengend ist.

Von meinem Chef Jörg und seiner Frau bekomme ich ein Paket mit ganz vielen, liebevoll gestalteten Dingen darin: ein Büchlein, Süßigkeiten, Hilfreiches aus der Apotheke und vieles mehr. Wie lieb von ihnen.

Donnerstag, 31. Oktober 2019

Heute hätte mein Vater Geburtstag gehabt. Er wäre 77 Jahre alt geworden. Ich denke sehr viel an ihn. Ob er weiß, wie es mir geht? Ob er noch bei mir ist?

Ein bekannter Rockmusiker bittet seine Fans in den sozialen Netzwerken um ein Halloween-Foto. Nichts leichter als das. Ich male meine Augenhöhlen schwarz an, aus meinem Mundwinkel läuft roter Lippenstift, dann mein blanker Kopf dazu, Schriftzug auf die Glatze... perfekt!

Freitag, 1. November 2019

Seit heute bin ich nach über sechs Jahren wieder Single. Darauf einen Apfelstrudel mit Vanillesoße. Das Halloween-Foto war wohl doch zu gruselig.

Sonntag, 3. November 2019

Heute geht es mir einigermaßen gut. So ist es ja immer zwei bis drei Tage vor der nächsten Chemo. Also gehe ich humpelnd (der große Zeh meines linken Fußes ist böse entzündet) mit meinen Freundinnen Silke und Claudia italienisch essen. Ich habe Lust auf Spaghetti Bolognese. Zwar kommt keine Spaghetti Bolognese an meine ran, aber heute ist mir danach.

Die erste Gabel schiebe ich mir in den Mund... Bäh, was ist das denn??? Wie kann man Spaghetti Bolognese so versauen??? Ekelig säuerlich, überhaupt nicht genießbar. Was ist denn da passiert? Ich esse noch etwas, weil ich Hunger habe, aber einen Rest lasse ich übrig, was völlig untypisch für mich ist. Pfui Deibel.

Mir fällt ein, dass jemand erzählt hatte, dass sich die Geschmacksnerven unter der Chemo verändern. Ja, dann geht das bei mir jetzt wohl auch los.

Dienstag, 5. November 2019

8:00 Uhr - heute ist Paclitaxel dran, Dauer voraussichtlich 3 Stunden. Bei Paclitaxel werden die Hände und Füße während der Chemogabe gekühlt, um eventuelle Polyneuropathien (Erkrankungen des peripheren Nervensystems) zu verhindern. Außerdem habe ich zuhause meine Finger- und Fußnägel mit schwarzem Nagellack übermalt. Das soll angeblich auch helfen, die Nebenwirkungen zu reduzieren. Ich habe während der ersten Minuten Probleme bekommen: Mein Kopf ist rot, heiß und ich werde ganz duselig. Abbruch. Pause für ca. 20 Minuten. Dann wird der Tropf langsamer eingestellt. Insgesamt dauert es heute bis in den späten Nachmittag hinein. Ich bin die letzte Chemo-Patientin, die die

Praxis verlässt.

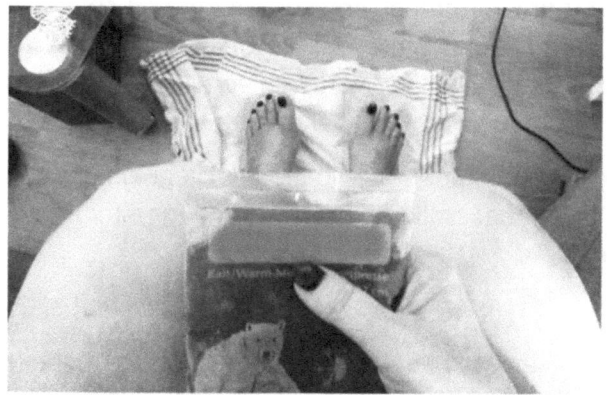

Mittwoch, 6. November 2019

2:00 Uhr – ich bin unruhig und kann mal wieder nicht schlafen. Hunger habe ich, also ab in die Küche. Ich mache mir Rotkohl mit vier Knödel und Soße. Das ist ja fast wie Weihnachten. Das kann ich sogar essen, ich schmecke es! Wunderbar. Nachher mache ich mir noch einen Milchreis-Teller.

Donnerstag, 7. November 2019

Die Gliederschmerzen bringen mich fast um. Ich könnte schreien. Julian fährt mich abends ins Krankenhaus, ich habe Fieber und halte es nicht mehr aus. Meine starken Schmerzmittel zuhause bringen überhaupt keine Linderung. Nun bekomme ich Morphium ähnliche Medikamente per Tropf über meinen Port.

Sonnabend, 9. November 2019

Leider schaffen es auch die stärkeren Medikamente nicht, mir die Schmerzen zu nehmen. Wie soll ich bloß die kommenden fünf Chemos überstehen? Mit Abgeschlagenheit, Übelkeit hatte ich gerechnet. Aber so heftige Schmerzen? Ich bin verzweifelt.

Nicole, eine meiner Chemo-Mädels, liegt ein paar Türen weiter auf der Isolierstation. Ihr Immunsystem ist völlig unten.

Montag, 11. November 2019

Ich darf das Krankenhaus wieder verlassen, mir geht es etwas besser, das Fieber ist weg. Mein Gott, sehe ich übel aus. Meine Wimpern werden auch immer weniger. Alles verlässt mich.

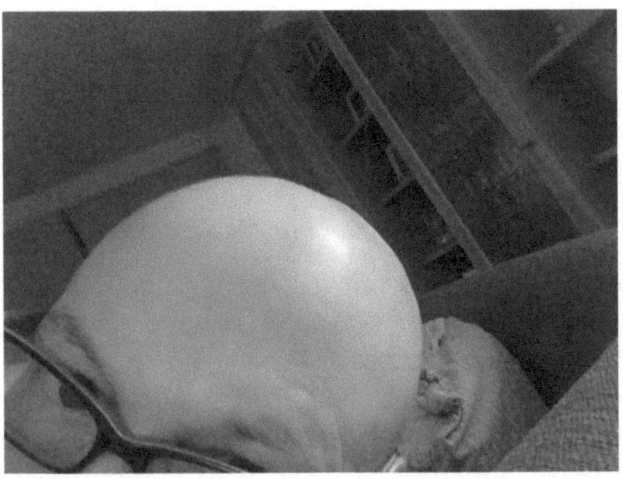

Ich suche noch einmal Nicole auf, sie darf morgen vielleicht auch nach Hause. Wir machen Selfies fürs Familienalbum – beide mit Schutzmaske.

Dienstag, 19. November 2019

Heute ist Chemo/Paclitaxel Nr. 2, dabei bin ich körperlich schon am Ende. Ich mag das Portanstechen nicht. Das zwiebelt manchmal etwas. Von Nicky bekomme ich den Tipp für eine Salbe, die eine betäubende Wirkung hat. Die muss ich haben!

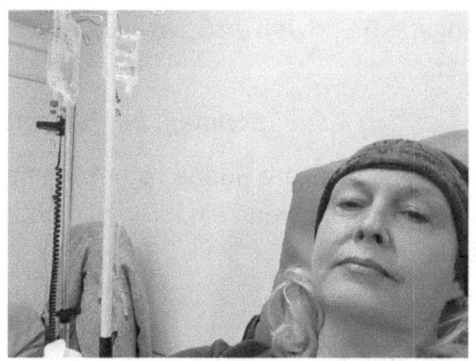

Ich zwinge mich, als ich wieder zuhause bin, trotzdem ein wenig spazieren zu gehen, denn ich weiß, in zwei Tagen geht es mir wieder so schlecht, dass gar nichts mehr geht.

Meine Mundschleimhaut ist kaputt, meine Finger und meine Füße tun weh trotz Kühlung.

Sonnabend, 23. November 2019

Ich muss mit meiner Onkologin sprechen. Ich halte die

Schmerzen nicht mehr aus. Meine Blutwerte sind völlig unten, die Neulasta-Spritze vertrage ich scheinbar auch nicht mehr.

Montag, 25. November 2019

Heute bin ich in der Onkologie zum Gespräch. Ab 03.12. bekomme ich die Paclitaxel nicht mehr dosisdicht, sondern jetzt noch dreimal in „normaler" Dosis und wöchentlich, damit sich meine Werte wieder stabilisieren.

Auch die Aufbauspritze wird verändert, ich bekomme pro Chemogabe 5 Spritzen an 5 Tagen, die nicht so hoch dosiert sind.

Sonntag, 24. November 2019

Ela bringt mir eine leckere Suppe vorbei. Ich nehme das gerne an. Ich bin froh, wenn ich mir mal nicht selber etwas zubereiten muss.

Mittwoch, 27. November 2019

Natascha kommt mich überraschend besuchen. Mein Wohnzimmer, das ja gleichzeitig mein Schlafzimmer ist, sieht aus wie ... wie soll ich es beschreiben? Als wenn ein Sturm durch die Wohnung gefegt ist und alles durcheinandergewirbelt hat, also eigentlich nichts für einen Besuch. Egal. Ich schiebe es auf den Sturm. Oder auf einen Einbrecher.

Mir geht es richtig mies und ich freue mich, dass sie da ist. Sie bringt mir schon mein Geburtstagsgeschenk.

Vielleicht besser so. Evtl. erlebe ich den 27. Dezember gar nicht mehr.

Sie schenkt mir ein Fotobuch. So liebevoll gestaltet mit lustigen Fotos von uns und ich kann endlich mal wieder lachen. Warum ich auf fast jedem Foto ein Glas Wein oder Prosecco in der Hand halte, kann ich mir beim besten Willen nicht erklären.

Freitag, 29. November 2019

Ich schmecke nichts mehr. Vieles schmeckt einfach nur ekelhaft oder hat gar keinen Geschmack. Das einzige, was noch geht, sind Pfefferminztaler und Rotkohl. Meine Finger schmerzen immer heftiger, sämtliche Finger- und Fußnägel sind sehr empfindlich und entzündet. Ich bin nur noch kraftlos und weine viel.

Mittlerweile habe ich einen Rollstuhl in meiner Wohnung stehen. Es gibt Tage, da geht gar nichts mehr. Da kann ich nicht ein Bein vor das andere setzen, meine Füße wollen auch nicht mehr. Es ist ein einziger Albtraum.

Paclitaxel Nr. 3 von 5 läuft. Ich sehe fertig aus - abgekämpft, müde, aufgedunsenes Gesicht. Aber ich will mich gar nicht beklagen. Man sieht hier so viel Leid in den Räumen, jeder hier hat sein schweres Paket zu tragen.

Übrigens trage ich mir jetzt zum Portanstechen eine Stunde vorher diese Salbe auf die Portstelle, damit merkt man das Anstechen überhaupt nicht. Der Tipp von Nicky bewährt sich tatsächlich.

Meine beiden Chefs, Jörg und Micha, erkundigen sich regelmäßig nach mir. Ich habe großes Glück mit meinem Arbeitgeber und stoße auf sehr viel Anteilnahme, Verständnis und Geduld. Das ist nicht selbstverständlich. Seit Ende Juli arbeite ich nicht mehr und ich bin die einzige Angestellte im Büro.

Auch das ist Glück: sich nicht über den Arbeitsplatz Sorgen machen zu müssen.

Mittwoch, 5. Dezember 2019

Heute ist wieder Treffen mit meinen Chemo-Mädels. Wir laufen etwas durch den Wald, um dann hinterher ... na was wohl? ... in einem Restaurant einzukehren. Alles ist so schön weihnachtlich geschmückt. Durch meinen Geschmacksverlust weiß ich nicht so recht, was ich essen soll und entscheide mich für einen gesunden Salat. Das ist ein schöner Tag.

Dienstag, 10. Dezember 2019

Paclitaxel Nr. 4 von 5, bald habe ich es geschafft. Meine Füße tun so weh, besonders meine Zehen und die Nägel. Die ständige Eiskühlung während der Chemo und mein Kühlen hinterher zuhause scheinen nichts zu bringen.

Heute bekomme ich wieder Post von meiner USA-Freundin Debbie. Sie schickt mir eine liebe Karte mit einem selbst genähten Schutzengel darin. Wie süß.

Mittwoch, 11. Dezember 2019

Was ist das denn für ein Motivationsschub?!? Ich backe Weihnachtskekse und das nicht zu knapp. Yeah! Da kommt eine Menge zusammen, die ich damit beschenken möchte und somit hätte ich das schon mal erledigt. Wer weiß, ob ich kurz vor Weihnachten dazu noch in der Lage bin. Ich hoffe, dass ich Weihnachten zuhause sein kann und sich nicht wieder irgendein Mist ankündigt, so dass ich ins Krankenhaus muss.

22:00 Uhr – ich habe mir wohl etwas zu viel zugemutet. Ich bin sowas von erledigt, alles tut weh.

Sonnabend, 14. Dezember 2019

Ich bin so unglücklich und den ganzen Tag am Weinen. In dem Moment ruft mich Frank an (der mit den vielen Achten), als wenn er es geahnt hätte. Ganz spontan entscheidet er: „Sandra, Marlon und ich kommen und fahren dich über den Weihnachtsmarkt."

Ich bin so happy. Ich freue mich wie ein kleines Kind.

16:00 Uhr – das Gehen funktioniert heute gar nicht, aber das macht nichts, der Rollstuhl muss herhalten. Ich genehmige mir auf dem Markt tatsächlich zwei Becher Kakao mit Schuss. Lecker! Schmalzkuchen ist auch ein Muss und das schmecke ich sogar! Außerdem muss ich auf solchen Festen auch immer eine Pizza essen, dieses Mal ohne Fleisch, da alles Fleisch ekelig-säuerlich schmeckt.

Ich sehe einige bekannte Gesichter, aber niemand erkennt mich. Ist vielleicht auch besser so. Ich mache mich auch gar nicht bemerkbar. Als es dunkel wird, gehen (fahren) wir wieder zum Auto. Es ist auch ziemlich nasskalt. Frank fährt Rennen mit mir über Stock und Stein und der kleine Marlon hat seine Freude daran.

Ich konnte auch endlich mal wieder lachen. Was für ein Spaß. Was für ein schöner Tag es noch geworden ist.

Dienstag, 17. Dezember 2019

Jaaaa, die letzte Paclitaxel-Chemo läuft in mich rein. Und erst mal die letzte Chemo-Gabe vor Weihnachten. Die kleine Pause habe ich mir verdient.

Am Spätnachmittag trifft meine Perücke ein, die ich mir im Internet bestellt hatte. Ich sehe aus wie ein alternder Rockstar mit Headbanging-Matte auf dem Kopf. Die Perücke sah auf dem Bild so gut aus. An mir sieht es nur lächerlich aus und man bekommt Lust, den Kopf samt Fiffy über den Laminatfußboden zu schubbern - als Wischmop.

Ich habe aber auch noch eine Perücke aus einem Frisiersalon, eine richtig teure. Über 700 Tacken. Die Hälfte hat die Krankenkasse übernommen. Aber auch hier muss ich sagen: Damit möchte ich eigentlich nicht rumlaufen. Zum Zopf gebunden geht es, aber offen sieht es... nicht gut aus. Das bin ich nicht. Dann habe ich genau diese Perücke mal gegoogelt und ich bin fündig geworden. Das Ding kostet im Netz weniger als die Hälfte des Kaufpreises in diesem Frisiersalon, der damit Werbung in vielen Onkologien macht, dass er Spezialist für Zweithaarfrisuren bei Chemo-Patienten ist. Ich empfinde das als Abzocke. Sich bereichern auf Kosten von Krebserkrankten. Pfui.

Wäre ich bloß zu meiner Friseurin, die ich schon seit Jahren besuche, gegangen. Beim nächsten Mal wieder, irgendwann, wenn ich wieder Haare habe.

Freitag, 20. Dezember 2019

Da ich heute körperlich ganz gut drauf bin, schmücke ich schon mal meinen Weihnachtsbaum, den ich mir gestern gekauft hatte. Sieht schick aus. Alles in Silber.

Mein rechter Daumennagel hat sich richtig böse entzündet. Überhaupt sind meine Finger- und Fußnägel sehr schmerzempfindlich. Hoffentlich wird das nicht schlimmer.

Sonntag, 22. Dezember 2019

Julian und ich fahren heute zu Sandra und Frank. Weihnachtsvorbescherung für Marlon, da die drei über Weihnachten verreisen. Franks Eltern, Sandras Mama und die Nachbarn sind auch dabei, der Nachbar als Weihnachtsmann verkleidet.

Wir machen Fotos. Auf den Bildern realisiere ich mal wieder, wie schrecklich ich aussehe, trotz Mütze und darunter hervorguckenden Haaren. Nicht nur mein Gesicht, mein ganzer Körper ist aufgedunsen von den Medikamenten. Ich habe einen Bauch, als wenn ich im 14. Monat schwanger wäre. Meine Gehbehinderung ist offensichtlich. Alles ist so schwer zu ertragen. Aber es ist ein so schöner Tag und ich genieße jeden Augenblick, mit so lieben Menschen zusammen zu sein, die sich wahrlich mir gegenüber nichts anmerken lassen. Ich frage mich, ob ich nächstes Jahr um diese Zeit noch da bin.

Montag, 23. Dezember 2019

Ich habe Nasenbluten. Dabei habe ich mal eben schön meine Fliesen im Bad und das Laminat im Wohnzimmer eingesaut. Wie wische ich das jetzt auf? Ich kann ja kaum laufen, geschweige denn mich runter hocken. Das ist nicht das erste Mal - fast täglich habe ich Nasenbluten. Meine Schleimhäute sind völlig im Eimer. Im Mund an den Innenwangen hängt die Haut in Fetzen runter. Schön ist was anderes. Übermorgen gibt es die Weihnachtsgans bei meiner Mutter. Hoffentlich kann ich die einigermaßen essen und auch schmecken.

Aber heute wird erst mal der Tisch gedeckt für den morgigen Abend. Morgen früh bereite ich Kartoffelsalat zu. Bei mir gibt es Heiligabend immer Kartoffelsalat und Würstchen. Alles, was ich zubereite, geschieht nur noch mit Haushaltshandschuhen. Zu groß ist die Gefahr, dass ich mir einen Nagel abreiße. Hygienischer ist es natürlich auch.

Dienstag, 24. Dezember 2019

Mein Julian und meine Mutter kommen gegen 18.00 Uhr. Vor dem Essen machen wir Bescherung. Es wird ein ruhiger Abend und auch nicht so lange.

21:00 Uhr - ich muss mich wieder hinlegen, ich bin so geschwächt. Aber ich bin dankbar, dass ich all das vorbereiten konnte, was ich mir vorgenommen hatte.

Mittwoch, 25. Dezember 2019

14:00 Uhr – meine Mutter hat lecker gekocht und die Gans schmeckt. Ja, wirklich. Okay, nicht so wie sonst, aber auch nicht ekelig. Ich kann diesen leckeren Geschmack mit Knödel, Rotkohl und leckerer Soße erahnen. Nach 1 ½ Stunden muss Julian mich nach Hause bringen.

Jetzt ist es 18:00 Uhr und ich liege immer noch auf dem Sofa. Morgen spielt sich nichts ab. Das war Weihnachten 2019.

Freitag, 27. Dezember 2019

Heute ist mein 55. Geburtstag und heute ist Chemo-Tag. Die erste Gabe von Cyclophosphamid, dosisdicht, insgesamt ca. drei Stunden. Ich vermisse meine Chemo-Mädels. Wir saßen immer dienstags zusammen. Durch die Feiertage hat sich jetzt alles verschoben.

Mich erreicht Weihnachts- und Geburtstagspost von meinem Onkel Christian. Er findet ganz liebe, tröstende Worte, die mich sehr berühren und über die ich mich sehr freue.

Julian kommt abends zum Essen und wir bestellen uns Chinesisch. Nach jeder Chemo-Gabe habe ich einen Japp auf chinesisches Essen. Komisch.

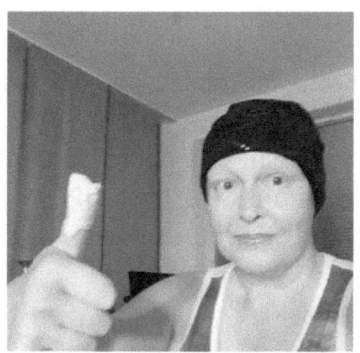

Das war also mein Geburtstag. Mein erster Geburtstag mit Krebs, mit entzündeten Finger- und Fußnägeln, mit Laufschwierigkeiten, mit Geschmacksverlust, mit Gliederschmerzen, ohne Haare und einbrüstig mit Kortisongesicht.

Dienstag, 31. Dezember 2019

Die Chemo vom letzten Freitag hängt mir sehr in den Knochen, im wahrsten Sinne des Wortes. Ich feiere Silvester bei Caro und Sebastian. Ein weiteres Pärchen ist auch noch dabei.

Raclette steht auf dem Plan. Fleisch kann ich nicht essen. Der Geschmack ist zu säuerlich. Aber Kartoffel und Käse geht. Es ist ein schöner Abend und ich genieße die Gesellschaft.

Ab und zu muss ich mir eine Pause gönnen, gehe zu mir nach nebenan und lege mich aufs Sofa. Wenn viele Menschen zusammen sind und reden, das strengt mich zu sehr an.

Mittwoch, 1. Januar 2020

0:00 Uhr – Jahreswechsel. Ich weine. Alles war zu viel in den letzten Monaten. Der Krebs, der Kampf, das Beziehungs-Aus. Nun bricht ein neues Jahr heran und ich weiß nicht annähernd, was mir 2020 bescheren wird. Ich will mein altes Leben zurück und es dann besser machen!

Sonntag, 5. Januar 2020

Ich kann nicht mehr. Schmerzen. Ich halte es nicht mehr aus. Kommenden Dienstag bekomme ich die nächste Chemo. Ich weiß gar nicht, wie ich das noch überstehen soll. Meine Finger muss ich mittlerweile bandagieren, alle. Die Nagelhaut ist so entzündet, dass ich nichts mehr anfassen kann. Aus den Nägeln läuft Blut und Wundflüssigkeit. Ich verbinde täglich jeden einzelnen Finger mit Pflaster und Leukoplast.

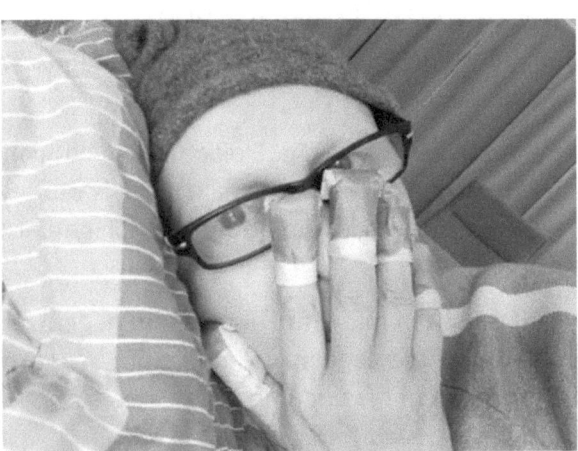

Ich bin so schwach, dass ich kaum aufstehen kann. Die nächtlichen Panikattacken machen mich fertig. Ich habe Angst vorm Alleinsein. Ich habe Angst, dass mir etwas passiert und niemand bekommt es mit. Ich habe Angst einzuschlafen. Vielleicht wache ich nicht mehr auf? Meine Zunge tut weh und hat einen fiesen Belag. Der Mundinnenraum ist eine Katastrophe. Das Nasenbluten ist auch noch präsent.

Freitag, 10. Januar 2020

8:00 Uhr - Cyclophosphamid, vorletzte Chemo! Noch einmal in 14 Tagen, dann habe ich es tatsächlich geschafft. Was für ein schwerer Weg seit September.

16:00 Uhr – ich quäle mich. Mir geht es so schlecht. Ich kann einfach nicht mehr. Ich kann mir nicht einmal mehr ein Lächeln abringen. Ich halte es nicht mehr aus. Mein Körper erholt sich nicht mehr von Chemo zu Chemo.

20:00 Uhr – 10 Stunden nach Chemo und ich habe das Gefühl, mit mir geht es zu Ende. Ich habe keine Kraft mehr. Ich glaube, ich sterbe heute.

Mittwoch, 15. Januar 2020

Ich bin nicht gestorben. Es ist erstaunlich, was man so aushält, ohne wahnsinnig zu werden. Julian gibt mir mal wieder die Aufbauspritze. Die Gliederschmerzen sind unerträglich. Irgendwie habe ich auch erhöhte Temperatur. Meine Nägel sind unverändert, im Gegenteil, es wird immer schlimmer. Ich kann nichts mehr anfassen, überall Schmerzen, von Kopf bis Fuß. Ich schlucke morgens, mittags, abends und zwischendurch starke Schmerztabletten, damit ich es irgendwie ertragen kann, aber die Tabletten helfen nicht. Schmerzen beim Gehen, Schmerzen beim Liegen, beim Sitzen. Ich habe das Gefühl, mein Kopf zerplatzt. Was soll ich noch tun? Ich will nicht mehr, ich kann nicht mehr. Julian. Ich muss an Julian denken. Ich muss weiterleben.

Donnerstag, 16. Januar 2020

Trotz Schmerzen habe ich mich heute aufgerafft und bin spazieren gegangen. Ein schöner, sonniger Wintertag. Die frische Luft tut mir gut, aber leider komme ich nicht weit. Ich habe Gehhilfen dabei und nach 300 Metern muss ich umdrehen, sonst schaffe ich den Weg nicht zurück. Aber immerhin insgesamt 600 Meter! Darauf kann ich schon stolz sein, auch wenn ich dafür 45 Minuten gebraucht habe. Den Rest des Tages muss ich auf dem Sofa verbringen. Schlapp, kraftlos, mutlos.

Sonnabend, 18. Januar 2020

23:00 Uhr – ich bin eingeschlafen und wach geworden, weil ich nicht mehr geatmet habe. Einfach so. Oder habe ich mir das eingebildet? Das kann doch nicht sein. Man hört nicht einfach auf zu atmen. Bestimmt habe ich das nur geträumt. Die Schmerzen sind nicht weniger geworden. Wann hört das auf? Wie viel muss ich noch ertragen?

Ich denke an meinen Vater. *Papa, hilf mir doch bitte, Papa, bitte mach irgendwas, dass es mir besser geht! Papa, du warst immer so stark, bitte gib mir was davon ab. Bitte!!!*

Sonntag, 19. Januar 2020

2:00 Uhr – ich wache wieder auf, weil ich nicht geatmet habe. Meine Atmung setzt im Schlaf aus. Hey, was soll das? Was ist das, verdammt noch mal? Dann bleibe ich eben wach. So!

4:00 Uhr – nach einem Kurzschlaf wieder ohne Atemtechnik aufgeschreckt. Ich wache auf und merke dann, dass ich anscheinend im Schlaf vergessen habe, dass ich atmen muss, denn ich japse erst nach Luft, als ich mich im Wachzustand daran erinnere. Jetzt will ich wirklich nicht mehr schlafen. Das ist unheimlich. Fernsehkiste an, gucken, irgendwas!

8:00 Uhr – ich bekomme Fieber. Die Schmerzen werden noch schlimmer. Was passiert mit mir? Sterbe ich jetzt doch? Ich habe so große Angst. Ich kann nicht mehr. Ich schaffe das nicht. Verdammte Scheiße. Das ist das Ende. Was für ein mieses Ende. Dabei ist die Chemo jetzt 9 Tage her.

17:00 Uhr – steigendes Fieber, starke Schmerzen am ganzen Körper, die ich nicht mehr aushalte, Julian fährt mich ins Krankenhaus.

Notaufnahme. Ich komme sofort an den Schmerztropf und muss warten, bis ein Bett frei wird. Ich sage, dass ich Patientin des Brustzentrums bin, aber man schiebt mich auf eine andere Station. Verdammt.

Ein Arzt kommt und versucht, den Port anzustechen.

Hätte er mir zu Beginn gesagt, dass er das vorher noch nie gemacht hat, hätte ich ihm auf die Finger gehauen – nee, abgehackt hätte ich sie ihm.

Versuch 1: Daneben. Auuuuuuaaaaaaa. Okay, kann passieren. Tief durchatmen.

Versuch 2: Daneben. Aaaaaaaaaaaaaaaaaaaaaaa. Frage an den Arzt: „Himmel, was machen Sie denn da?" Antwort: „Ich weiß auch nicht, warum das nicht geht." Ich stelle mich auf ein drittes Horror-Mal ein.

Versuch 3: Daneben. Die Schmerzen sind mittlerweile so groß, dass ich ihn anschreie und laut weine. „Hören Sie auf jetzt, gehen Sie weg!" Er verlässt den Raum ohne ein Wort. Ich weine und kann mich kaum beruhigen.

Nun wird eine Braunüle (Venenverweilkanüle) gelegt. Ich sage noch einmal Bescheid, dass ich bitte auf die richtige Station verlegt werden möchte. Bitte, bitte schnell!!!

Morgens geht die Tür auf. „Frau Aschenbrenner, was machen Sie denn hier? Sie gehören zu uns!" Die Erlösung! Endlich die richtige Station, Brustzentrum, Isolierzimmer, Schmerzmitteltropf. Jetzt wird mir geholfen. Ich bin nicht mehr alleine, jetzt achtet man auf mich. Man rät mir zu einer Schmerzpumpe, aber irgendwie kann ich mich damit nicht anfreunden, da nicht gewährleistet ist, dass die Schmerzen dann tatsächlich weniger werden. Ich warte noch ab. Vielleicht sieht es ja morgen schon ganz anders aus und ich hüpfe wie ein Reh durch den Flur.

Ich liege jetzt alleine auf dem Zimmer, habe meine eigene Toilette. Wenigstens das.

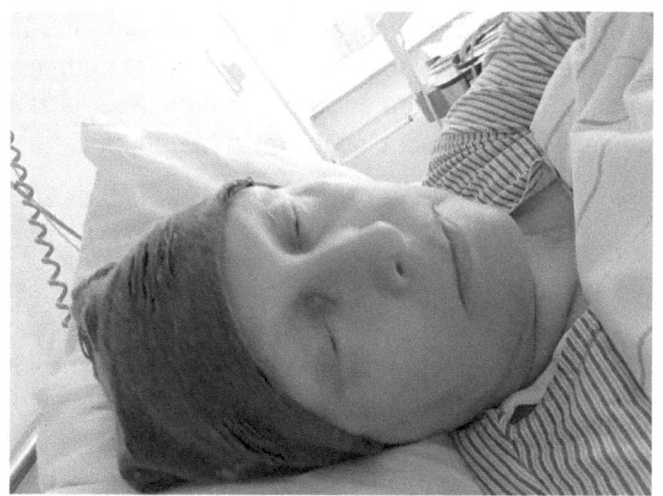

Mein Körper streikt, schmerzt, er will nicht mehr. Das sieht man mir auch an. Ich sehe aus wie der leibhaftige Tod. Ich will aber noch nicht sterben. Ich muss durchhalten für Julian und außerdem möchte ich doch noch mit meiner Band auftreten und meine Lieblingsband muss ich doch auch noch sehen und, und, und...

Ich werde verdammt noch mal nicht sterben! Nicht heute.

Dienstag, 21. Januar 2020

Meine Blutwerte sind immer noch ganz unten. Der Chefarzt sieht mich, schaut sich meine Werte an und sagt: „Keine Chemo mehr, das wird lebensgefährlich für Sie." Auf meine Frage: „Ja, geht denn das, dass ich jetzt einfach abbreche?" Antwort: „Alle wichtigen Chemos haben Sie erhalten. Cyclophosphamid ist noch mal eine Zugabe, die haben Sie auch zweimal dosisdicht durchgestanden. Sie haben tapfer durchgehalten, aber jetzt ist Schluss." Ich weiß nicht, ob ich mich freuen darf.

Mittwoch, 22. Januar 2020

Die Schmerzen werden etwas erträglicher. Oder habe ich mich dran gewöhnt? Die pure Erschöpfung lässt mich etwas schlafen. Meine Blutwerte sind immer noch nicht gut. Der Port wird angestochen und dieses Mal klappt alles wunderbar.

Freitag, 24. Januar 2020

Ich soll nach Hause, nicht, weil ich wieder fit bin, sondern weil zuhause gewohnte Keime sind, die mir nichts anhaben können und ich in meinen vier Wänden besser aufgehoben bin. Ich soll mich nur zuhause aufhalten und nach Möglichkeit wenig bis gar keinen Besuch bekommen. Mein Immunsystem ist immer noch zu sehr geschwächt. Heute wäre meine letzte Chemo gewesen. Ich muss unbedingt mit meiner Onkologin Rücksprache halten. Julian und meine Mutter fahren für mich einkaufen.

Montag, 27. Januar 2020

Termin bei meiner Onkologin. Ich brauche gar nichts sagen. Sie sieht mich und sagt: „Frau Aschenbrenner, keine Chemo mehr. Wir brechen ab. Es wäre unverantwortlich, wenn ich die Chemotherapie bei Ihnen fortsetzen würde."

Auch wenn eine kleine Unsicherheit bleibt, im Grunde genommen bin ich doch froh, die Chemo jetzt hinter mich gebracht und vor allen Dingen überlebt zu haben.

Mir wird nahegelegt, an einer Studie teilzunehmen, da ich Hochrisikopatientin für ein Rezidiv bin. Von der Teilnahme an einer Studie höre ich heute zum ersten Mal. Das macht mich fertig. Ich dachte, ich bin durch nach der Chemo und nach der noch folgenden Bestrahlung. Diese Studie würde das Rezidivrisiko senken. Aha. Ich lebe also sozusagen auf einem Pulverfass.

Die Studie geht drei Jahre und ich würde einen Cdk4/6-Hemmer bekommen, den man bei fortgeschrittenem, hormonabhängigem Brustkrebs einsetzt.

Himmel, wie steht es denn um mich? Ich bin davon ausgegangen, dass der Krebs durch OP und Chemo weg ist.

Ich verstehe gar nichts mehr.

Der hohe Lymphknotenbefall ist mein Schicksal. Krebszellen könnten schon auf Wanderschaft durch meinen Körper gegangen sein. Ja, aber sind die durch die Chemo nicht vernichtet worden? Ich bin doch selbst fast dran gestorben?!?

Warum dann nicht auch dieses Arschloch mit seinen Mitessern?

Ich bekomme die Kontaktdaten eines Onkologen in Hannover, der diese Studie durchführt und ich rufe noch heute dort an. Am 31. März darf ich kommen, da ich dann mit der Bestrahlung fast durch bin.

Donnerstag, 30. Januar 2020

Heute kommt ein weiteres Päckchen bei mir an – von meiner lieben Brieffreundin aus Österreich, Alexandra. Sie schenkt mir einen superschönen Schal in wunderschönen Farben. Ich freue mich so sehr darüber. Wir haben viel Kontakt mit Nachrichten übers Handy.

Sonnabend, 1. Februar 2020

Heute ist der 20. Geburtstag von Julian und ich bin glücklich, dass ich dabei sein kann. Wir gehen abends essen und er hat ein paar Freunde dazu eingeladen.

Sonnabend, 8. Februar 2020

Meine Nägel an Füßen und Fingern sind der blanke Horror. Zuhause versuche ich mittlerweile, ohne Bandagen auszukommen. Nur wenn ich unterwegs bin, lege ich die Pflaster an, da jede Berührung schmerzt.

Meine Zunge hat einen fiesen, weißen Belag und brennt. Ich nehme täglich etwas dagegen ein, aber es hilft einfach nicht.

Ich habe von meinem Chef ein E-Bike geschenkt bekommen. Wie geil ist das denn?

Donnerstag, 13. Februar 2020

Nun hat es auch Steffi geschafft, eine von uns vier Chemo-Mädels. Heute ist ihre letzte Chemo und ich fahre sie in der Onkologie besuchen. Somit wären wir jetzt alle durch.

Dienstag, 18. Februar 2020

Ich habe es tatsächlich geschafft! Ich gehe mit Julian zum Konzert meiner Lieblingsband. Der Rollstuhl kann zuhause bleiben, ich nehme die Gehhilfen mit. Ich freue mich wahnsinnig und bin ganz aufgeregt, denn wir haben VIP-Karten, wir treffen die Band persönlich.

Wir bekommen dann Autogramme, es wird ein gemeinsames Foto gemacht.

Wieder daheim. Die Band ließ nicht lange auf sich warten, trotzdem setzte ich mich erst mal auf den Stuhl des Gitarristen. Der Gitarren-Gott hatte mich gefragt, wie mir das neue Album gefallen würde. *Na ja, geht so...*

Nein, natürlich habe ich meine Begeisterung geäußert. Ich hoffe, dass das auf Englisch auch so rüberkam. Der Keyboarder schaute etwas irritiert auf meine verbundenen 10 Finger. Bestimmt dachte er: *Himmel, lass sie nichts Ansteckendes haben, sonst kann ich nicht mehr spielen.* Der Sänger hatte schlechte Laune. Fix Autogramme abgeholt, Merchandise bekommen. Dann hat sich die Band in Reihe aufgestellt und man durfte sich daneben oder dazwischen stellen und es wurde ein Erinnerungsfoto gemacht. Danach durfte man sich noch etwas in dem Raum aufhalten, bis die Band wieder verschwunden war. Dann ging es ab zur Konzerthalle.

Wir haben einen guten Sitzplatz gehabt, erste Reihe, ein Blick über alles und vor allen Dingen: perfekte Sicht auf die Bühne. Ich mache mir Gedanken über diesen Virus, der zurzeit überall um sich greift. COVID-19. Wenn irgendjemand von den Leuten hier diesen Virus hat und ich mich anstecke, dann sieht es für mich nicht gerade rosig aus. Ich hatte schon Bedenken, dass dieses Konzert vielleicht nicht stattfinden würde.

Ich habe so viele Fotos und Audioaufnahmen gemacht.

Gut, darf man nicht, aber das ist ja nur für mich und nichts für die Öffentlichkeit. Mein Sitznachbar zur rechten Seite hat – glaube ich – das ganze Konzert gefilmt. Er wird sich hinterher sehr geärgert haben, da er mit Sicherheit mein Singsang und mein Gegröle in seiner Aufnahme mit drauf hat.

Das Konzert war supertoll und hat meine Erwartungen vollends übertroffen. Einige Male musste ich vor Dankbarkeit weinen, weil ich das noch mal erleben durfte und zu meiner linken mein absoluter Lieblingsmensch saß, mein Sohn.

Jetzt schaue ich mir noch mal alle Fotos und Videos an und erfreue mich meines Glücks.

Also meine Aufnahmen sind gut geworden, da brüllt niemand dazwischen.

Die Bestrahlung

Montag, 2. März 2020

Heute fangen die täglichen Bestrahlungen an. Nur samstags und sonntags ist Pause.

Die Stellen, die bestrahlt werden sollen, werden zuerst mit einem schwarzen Stift gekennzeichnet. Am morgigen Tag sollen dort kleine Tätowierungspunkte gesetzt werden, damit ich in der Folgezeit duschen kann.

Pünktlich bin ich dran. Den Oberkörper muss ich frei machen. Dann lege ich mich in die Röhre und der Apparat wird auf die entsprechende Stelle des Brust- und Achselbereichs ausgerichtet. Ca. drei Minuten piept es ein paar Mal, dann ist es vorbei. Eine schnelle, unspektakuläre Geschichte.

Montags und mittwochs muss ich immer zur Physiotherapie/Lymphdrainage. Mit einem Physiotherapeuten verhält es sich wie mit einem Friseur: Mittlerweile kennt er mein halbes Leben... okay, vielleicht etwas weniger, aber ein Viertel reicht ja auch.

Dienstag, 10. März 2020

Bis jetzt vertrage ich die Bestrahlung sehr gut. Ich fahre selber mit dem Auto in die Strahlenpraxis. Die einzige Nebenwirkung: Etwa 1 ½ Stunden nach der Bestrahlung werde ich unheimlich müde. Dann lege ich mich für eine Stunde hin, danach ist alles wieder gut. Wenn das so bleibt, kann ich gut damit leben.

Freitag, 13. März 2020

Heute noch mal Bestrahlung, dann habe ich wieder zwei Tage Pause. Ich bin heute nicht gut drauf. In der Röhre muss ich plötzlich anfangen zu weinen.

Diese Krankheit, dieser Kampf, manchmal ist einfach alles zu viel für mich. Das Alleinsein zuhause macht mich so unendlich traurig. Es muss jetzt endlich wieder bergauf gehen, das ist besonders für meine Psyche und vor allen Dingen für meine Genesung wichtig.

Montag, 16. März 2020

Ich bin wieder nur am weinen – auf dem Weg zur Bestrahlung, im Wartebereich, in der Röhre. Ein trauriger Tag. Ich denke über so vieles nach, ich muss mit so vielen Dingen fertig werden, das überfordert mich. Ich bin nicht mehr stark. Nicht heute, nicht morgen. Vielleicht irgendwann wieder. Vielleicht.

Sonnabend, 28. März 2020

Heute fahren Julian und ich zu Sandra, Frank und Marlon. Wegen der Corona-Einschränkungen treffen wir uns nur draußen. Es wird ein schöner Nachmittag und ist eine gute Ablenkung für mich. Mein Patenkind ist so ein niedlicher Junge. Es ist schade, dass man sich nicht öfter sieht.

Heute habe ich Termin bei dem Onkologen in Hannover, der die Studie mit dem Cdk4/6-Hemmer durchführt. Die Nebenwirkungen dieses Medikaments sind nicht ohne und ich bekomme mal wieder Sorge. Will ich das meinem Körper noch mal antun? Ich habe so sehr unter der Chemo gelitten. Drei Jahre lang soll ich nun weiter leiden? Ich will im Sommer wieder arbeiten gehen. Ich will wieder anfangen zu leben. Ich muss mir mehrere Meinungen dazu einholen: Ich bin nicht in der Lage, das selber zu entscheiden. Mein Bauchgefühl sagt mir: Nein, lass das sein.

Und überhaupt. Was ist denn das für eine Mist-Prognose? Die Chance, dass ich in 4 bis 5 Jahren noch lebe, liegt bei 60%? Nee, damit bin ich nicht einverstanden.

Vielleicht muss ich es auch einfach erst mal sacken lassen.

Mittwoch, 8. April 2020

Die nächste Etappe ist geschafft. Heute ist die letzte Bestrahlung. Ich nehme dem Personal ein kleines Dankeschön mit. Ich bin stolz wie Bolle, wieder einen Meilenstein hinter mich gebracht zu haben. Auch meine Haut weist nur wenig Veränderung durch die Bestrahlung auf. Es kann ja bei mir auch mal etwas gut laufen.

Ich gehe viel mit meiner Mutter spazieren. Sie ist mit ihren fast 77 Jahren schneller unterwegs als ich.

Freitag, 10. April 2020

Heute beginnt meine Einnahme von Letrozol für die nächsten 5 Jahre, sehr wahrscheinlich, dass es 10 Jahre werden. Das Medikament gehört zur Gruppe der Aromatasehemmer, wird zur Behandlung von Frauen mit Brustkrebs eingesetzt und verhindert, dass sich bestimmte Hormone bilden, die den Krebs wieder hervorrufen können. Übrigens: Meine Haare wachsen wieder!

Donnerstag, 30. April 2020

Heute ist mein erster Frauenarzt-Termin bei meiner neuen Gynäkologin. Krebsnachsorge. Ich bin aufgeregt. Es wird Ultraschall gemacht. Ich bete, dass alles in Ordnung ist.

Ich habe eine Zyste in der rechten Brust. Verdammt. Kann das irgendwann auch Krebs werden? Keine Ahnung. Die Zyste bleibt unter Beobachtung. Ich habe auch immer wieder einen Druckschmerz, so wie ich es schon von meiner linken Brust her kannte. Doofes Gefühl.

Montag, 4. Mai 2020

Die Studie, an der ich teilnehmen sollte, wird wegen Corona erst einmal auf unbestimmte Zeit ausgesetzt. Ich habe mich immer noch nicht entschieden. Mein Bauchgefühl sagt mir noch immer, dass ich es besser nicht tun sollte. Was tun? Jetzt habe ich ja noch mal etwas Zeit zum Überlegen bekommen.

Aus der Social-Media-Brustkrebs-Gruppe habe ich Angelika kennen gelernt. Wir schreiben uns seit Monaten sehr nett und obwohl wir uns persönlich (noch) nicht kennen, mag ich sie. Bestimmt treffen wir uns irgendwann.

Meine Haare wachsen so doof, dass ich auf die Idee komme, eine Tönung reinzumachen. Haselnussbraun. Das Ergebnis sieht noch doofer aus.

Dienstag, 19. Mai 2020

Die Tönung sieht so schlimm aus, dass ich heute zum Friseur gehe und mir eine Glatze rasieren lasse. Ich bin den Anblick ja schon seit Monaten gewöhnt, eine Glatze kann mich nicht mehr erschüttern. Also noch mal von vorne ohne Tönungsgedöns.

Freitag, 29. Mai 2020

Lecker essen und trinken bei Natascha. Tyson, der Hund, freut sich auf mich. *Mama, die Frau mit dem Koks ... ach nee, mit dem Keks ist da!* Eigentlich soll Tyson keine Hundekekse bekommen, damit er nicht dick wird, aber er ernährt sich von Weißbrot, wenn Besuch da ist. Genau mein Humor. Ich liebe diesen Hund. Ach, was rede ich. Ich liebe diese Familie.

Meine Genesung geht nur schleppend voran. Kein Tag ohne Schmerzen, seit August vergangenen Jahres. Meine Füße sind am schlimmsten. Keine Nacht habe ich seit den Operationen durchgeschlafen. Ich fühle mich wie ein körperliches Wrack und meine Psyche gibt mir auch zu denken.

Donnerstag, 11. Juni 2020

Mit meinem E-Bike durch die Gegend zu düsen, ist so ein verdammt geiler Spaß, das macht richtig gute Laune. Da ich in einer sehr schönen Landschaft wohne, ist es wie Seelenbalsam, durch die Feldmark zu fahren. Herrlich. Für meine Füße ist Radfahren besser als laufen.

Freitag, 19. Juni 2020

Ela und ich fahren heute mit unseren E-Bikes ein paar Kilometer zu einem Erdbeer-Café. Erdbeerkuchen und Erdbeerlimonade satt. Lecker. Außerdem: Krebs mag keine Beeren!

Montag, 22. Juni 2020

Jemand hat mir sehr wehgetan und ich realisiere nur sehr langsam, dass mein Festhalten an etwas, weil es mir so wichtig und richtig erschien, ein riesengroßer Irrtum gewesen ist. Dass diese Person, die mir über viele Jahre so nahestand, sich noch im Spiegel anschauen kann...

Dieses rücksichtslose Verhalten, mit dem ich immer und immer wieder während meiner Krebstherapie konfrontiert wurde, werde ich niemals verzeihen können. Ich ärgere mich, dass ich es zugelassen habe, dass man mich so verletzen konnte und dass ich nicht schon viel früher die Reißleine gezogen habe. Einfach nur widerlich.

Mittwoch, 24. Juni 2020

Caro, Sebastian, Ayla und ich grillen - wie so oft - im Garten. Ayla ist übrigens die Schäferhündin, der ich das Wort „*Mama*" beibringen möchte.

Freitag, 26. Juni 2020

9:00 Uhr – Termin in der endokrinologischen Praxis zur Knochendichtemessung. Letrozol geht auf die Knochen, was ich auch jeden Tag zu spüren bekomme. Ich hoffe, dass meine Gräten noch in Ordnung sind.

10:00 Uhr – sieht gut aus. Alles im normalen Bereich. Ich glaube, dieser Tag wird ein guter Tag!

19:00 Uhr - ich setze meine Perücke auf, schminke mich, ziehe mich sommerlich an und Natascha und ich gehen bei unserem Italiener um die Ecke essen. Ein lustiger, unbeschwerter Abend mit leckeren Nudeln und Aperol Spritz.

Sonnabend, 27. Juni 2020

Heute erreicht mich eine wunderbare Nachricht! Sandra und Frank sind gestern Abend zum zweiten Mal Eltern geworden. Ein kleiner Marvin. Ich freue mich riesig für die beiden.

Dienstag, 30. Juni 2020

Heute bekomme ich wieder ein Päckchen aus den USA von Debbie. Darin enthalten zweimal Mundschutz, selbst genäht. Eine mit dem Schriftzug „Fuck Cancer" und eine mit einem Mund und heraushängender Zunge. Wie lieb von ihr.

Montag, 6. Juli 2020

Morgen früh muss ich zur Darmspiegelung. Ich habe Pulvertüten bekommen und eine Anleitung, wie und wann ich dieses Pulver zu mir nehmen muss, damit der Darm entleert wird.

18:00 Uhr – das erste Pulvertütchen habe ich intus. Dann warte ich mal ab.

19:00 Uhr – erste Entleerung ist erfolgt. Das nächste Pulver muss ich um zehn einnehmen. Das verspricht eine tolle Nacht zu werden...

Dienstag, 7. Juli 2020

2:00 Uhr – ich habe noch nicht geschlafen, wollte eigentlich, aber ging nicht. Jetzt muss ich noch ein Pulver einnehmen.

2:30 Uhr – ich renne... zum Klo und zurück und wieder zum Klo. Ich sage nur: wie Wasser. Ich versuche mich wieder hinzulegen, keine Chance. Dreimal schaffe ich es nicht zur Toilette und bin damit beschäftigt, mich zu waschen, den Fußboden zu säubern und dann wieder auf der Klobrille Platz zu nehmen.

6:00 Uhr – was bin ich gerädert!?! In 45 Minuten kommt Julian und fährt mich zur Praxis. Ich weiß gar nicht, wie das gehen soll. Ich kann mich doch nicht in sein Auto setzen, wenn ich alle 3 Minuten zur Toilette muss?!

6:30 Uhr – es ist vorbei. Pünktlich hört der Wasserdurchfall auf. Wow, was für ein perfektes Timing!

7:00 Uhr – ich bin sofort dran, liege auf dem Behandlungstisch und der Arzt kommt rein mit den gut gelaunten Worten: „Einen schönen guten Morgen." Ich grüße zurück und sage, dass mein Morgen bestimmt schöner wird, denn ich schlafe und er muss sich mit meinem Darm beschäftigen. Die Kanüle ist gelegt, mir wird etwas gespritzt und ich höre mich sagen: „Wenn ich schnarche, hauen sie mir eine über den Deetz ... Ich bin noch wach... ich bin noch wach... ich bin noch..." Dann höre ich mich sagen: „Öhm, ich bin wach, ist das in Ordnung?" „Ja, wir sind gleich fertig." Ach?!? Das ging ja fix. „Sie haben übrigens nicht geschnarcht." Das finde ich jetzt mal gut. Also schaue ich noch eine Weile mit auf den Bildschirm. Man sieht ja nicht alle Tage seinen Darm. Sauber ist er.

Eine halbe Stunde habe ich wohl geschlafen, nichts gemerkt, alles gut. Mein Darm ist gesund, sagt der Arzt. In zwei Jahren sehen wir uns wieder. Ich fühle mich wie ein Glückspilz.

Fazit: Eine Darmspiegelung ist völlig schmerzfrei und easy. Ich kann nur jedem dazu raten, denn es kann Leben retten.

Montag, 13. Juli 2020

Heute ist das Herzecho dran. Das muss alle 6 Monate wiederholt werden, da die dosisdichte Chemo leider auch das Herz in Mitleidenschaft ziehen kann.

Ergebnis: Alles ist in Ordnung. Mein Herz ist tippitoppi.

Am 2. September darf ich zur Reha.

Sonnabend, 18. Juli 2020

Julian packt mich in sein Auto und fährt mit mir nach Cuxhaven. Wir haben früher, als er klein war, viele Urlaube am Wattenmeer verbracht. Ich liebe es im Watt zu laufen. Ganz früh um sechs fahren wir los.

Das Wetter ist traumhaft und wir laufen 2,5 km in das Watt rein und 2,5 km wieder zurück.

Das Meerwasser tut meinen geschundenen Füßen sehr gut. Ich genieße diese Zeit und die Gespräche mit Julian so sehr. Meine Erkrankung wird ausgeklammert. Es soll ein unbeschwerter Tag werden. Ich bin stehend k.o., aber es war herrlich.

Nach unserem Lauf suchen wir uns ein Restaurant und essen ein Fischgericht. Ja, hier saß ich mit Julian schon einmal, als er noch ganz klein war. Für einen Moment ist die Zeit stehen geblieben und ich fühle so viel Glück in mir.

Das Eis darf natürlich auch nicht fehlen. Ich habe das Gefühl, ich platze.

Weil das Wetter so schön ist, gehen wir noch einmal zum Strand und machen eine kleine Strecke von zwei Kilometern.

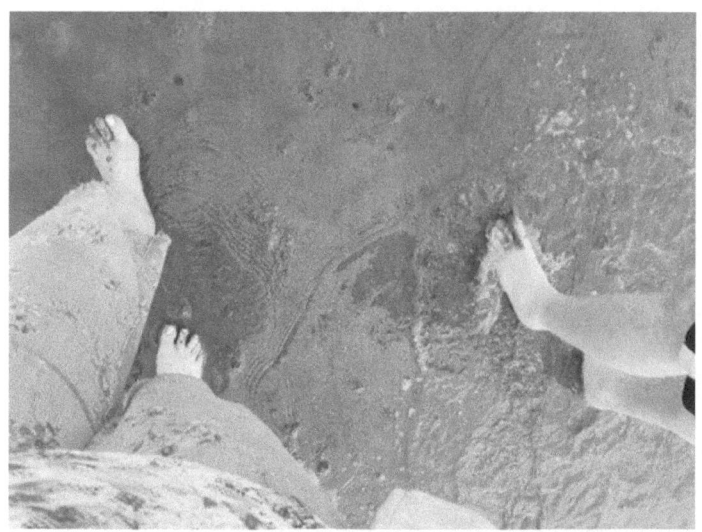

Jetzt kann ich aber wirklich nicht mehr und ich schaffe es kaum noch die Treppe am Damm hoch. Wir gehen noch einmal eine Kleinigkeit essen und fahren wieder nach Hause.

Das war so ein toller Tag und ich schaue mir noch mal die Fotos an, als ich wieder alleine bin. Mein Sohn hat es geschafft, mich für einen Tag richtig, richtig glücklich zu machen.

Ich mag die Nordsee mit ihrer steifen Brise von allen Meeren am liebsten. Sie hat für mich den größten Erholungswert.

Mit Fake-Frise sehe ich auch wieder ganz gesund aus.
Alles, was aufgedunsen war, hat sich zurückgebildet.

Mittwoch, 29. Juli 2020

Regelmäßig ruft mich ein Freund meines Vaters an, der liebe Buko. Die beiden waren zusammen bei der Bundeswehr und er kennt mich von Baby an. Ich freue mich darüber und unterhalte mich so gerne mit ihm. Wenn dieser Corona-Wahnsinn vorbei ist, müssen wir unbedingt wieder Kaffee und Kakao trinken gehen.

Auch Michael hat sich in den vergangenen Monaten immer nach mir erkundigt. Mein Bruder im Geiste und begeisterter Ahnenforscher. Wir kennen uns schon so viele Jahre, da waren unsere Söhne noch sehr jung. Er schreibt mir nette WhatsApp-Nachrichten mit Durchhalteparolen.

Montag, 3. August 2020

Ich werde an dieser Studie nicht teilnehmen. Mittlerweile ist die Teilnehmerzahl sowieso erreicht und es werden keine Patienten mehr aufgenommen.

Einer meiner Ärzte war mit mir einer Meinung. Die Chemo hat meinem Körper genug geschadet, nun ist Schluss. Der Krebs kann auch mit dieser Studie wiederkommen oder auch ohne Studie nicht wieder auftreten. Niemand kann das vorhersagen.

Donnerstag, 6. August 2020

Wir Chemo-Mädels treffen uns am Steinhuder Meer. Allen geht es gut. Okay, ich bin die Fußlahme, aber wir gehen nach einem kleinen Spaziergang auch wieder in ein Restaurant, sitzen bei schönstem Wetter draußen und haben einen Blick über das „Meer". So wundervoll.

Montag, 10. August 2020

Gedankenspiele. Ich bin eine kranke Single-Frau mit einer Brust. Wenn ich mal wieder einen Mann kennen lerne, der mich interessiert, was sage ich dann?

Falle ich gleich mit der Tür ins Haus? *„Hey, schau mal, ich habe nur eine Brust!"*

Vielleicht sage ich aber auch entrüstet: *„Wie? Weg? Verstehe ich nicht ... eben war sie noch da!"*

Dienstag, 1. September 2020

Heute ist Kofferpacken angesagt. Gleichzeitig muss ich unbedingt noch ein Musikvideo fertig machen.

Leslie Mandoki hatte dazu aufgerufen, dass man einen Song von ihm und den Soulmates singen und ihm das Video zusenden soll, dann baut er daraus ein Gemeinschaftsprojekt und mit etwas Glück könnte man dabei sein. Gesagt, getan – beim Kofferpacken höre ich mir den Song immer und immer wieder an, um ihn mir einzuprägen und später dann aufzunehmen. Er gefällt mir sehr gut und ich wünsche mir, dass ich dabei sein darf.

Vergangenes Wochenende habe ich mit meiner Nachbarschaft den Abschied gefeiert. Vielleicht feiern sie auch, weil sie mich endlich los sind. Wie auch immer, einen Grund zum Feiern haben wir oft. Es ist schön, wenn man solche Menschen im Haus wohnen hat.

Drei Wochen können sehr lang werden. Ich werde die Bande neben und unter mir vermissen.

Die Rehabilitation

Mittwoch, 2. September 2020

Heute geht es zur Reha! Zwei Koffer, ein Rucksack. Julian holt mich morgens ab, um 10:00 Uhr muss ich in der Klinik sein. Die Fahrt geht nur schleppend voran, das Navi führt uns in die Irre und wir werden definitiv nicht pünktlich sein. Ich bekomme Schnappatmung und werde nervös.

Nervös wird auch meine Blase. Unterwegs muss Julian mich in der Pampa rauslassen und ich stapfe durch tiefsten Matsch, um einen geeigneten, nicht sichtbaren Platz zu finden, um ... na ja, das eben. Ich habe übrigens weiße Schuhe an. Bravo.

10:56 Uhr - endlich sind wir angekommen. Eine Stunde zu spät, aber das ist egal. Die Anmeldeformalitäten werden erledigt, ich bekomme den Schlüssel für mein Zimmer und verabschiede mich mit Tränen in den Augen von meinem Sohn. Im Zimmer angekommen greife ich zu meinem Handy... Wo ist es? Da fällt mir ein, dass ich es – warum auch immer – auf den Boden des Beifahrerplatzes in Julians Auto gelegt hatte. Und Julian ist weg. Ich kann ihn auch nicht anrufen, weil ich seine Nummer nicht im Kopf habe. Ich habe das Gefühl, ich müsste hyperventilieren. Ich reiße die Schublade des Schreibtischs auf, der in meinem Zimmer steht, und suche nach

Informationen zum WLAN – ich habe nämlich mein Laptop dabei. WLAN-Code gefunden, Laptop angeschmissen und Julian eine Nachricht über den Messenger geschickt. Hoffentlich liest er es: „Mein Handy!!!" Prompt antwortet er, was nicht selbstverständlich ist. Er hat es schon gefunden und ist auf dem Weg zurück zur Klinik. Uff.

Gleichzeitig schickt er mir kommentarlos ein Foto des Bodeninnenraums der Beifahrerseite. Ich fühle mich erwischt wie ein kleines Kind, aber hey, ich bin die Mutter! Na gut, dreckig ist noch untertrieben. Der Matsch von meinen abgewischten Schuhen war getrocknet und der Fußraum sieht aus, als wenn eine kleine Dreckbombe explodiert wäre. Hauptsache meine Schuhe sind weiß geblieben.

Mittlerweile ist es 12:00 Uhr, mein Kind ist weg, mein Handy ist da und ich frage mich, was heute noch alles so passiert. Eigentlich reichen die kleinen Katastrophen für den Rest der Woche.

Mein Zimmer ist in Ordnung. Bett, Sessel, Tisch, Stuhl, Schreibtisch, Schränke und das Bad sind auch okay. Ich bin zufrieden, hier werde ich mich wohl fühlen. Wie immer, wenn ich irgendwo außer Haus übernachte, mache ich Fotos vom Zimmer, vom Bad.

Ich schicke die Fotos ohne Kommentar an Silke, um zu signalisieren: Ich bin angekommen. Silke schickt mir eine Sprachnachricht: „Okay, das ist spartanisch, aber das ist überall so ... es gibt Schlimmeres."

Wie? Was? Ich finde es doch gut.

Gleichzeitig sende ich die Fotos, wieder ohne Kommentar, an Natascha. Auch sie schickt eine Sprachnachricht zurück und ich höre sie lachen: „Zu dem Zimmer fällt mir nichts mehr ein..."

Halloo? Jetzt muss auch ich lachen. Bin ich so anspruchslos, dass ich mit allem zufrieden bin? Ich finde mein Zimmer schön. Punkt.

Meinen Therapieplan für die Woche habe ich auch schon bekommen. Gleich morgen früh geht es los mit sportlichen Aktivitäten. Ich freue mich schon sehr darauf.

Donnerstag, 4. September 2020

Mittlerweile habe ich mich mit meiner Tischnachbarin angefreundet. Silvia kommt aus Scheeßel und Scheeßel ist meine zweite Heimat. Was für ein netter Zufall. Meine Großeltern lebten dort, zusammen mit meinen beiden Onkels. Mein Onkel Christian wohnt noch dort. Der andere Onkel, Andreas, ist sein Zwillingsbruder und die beiden waren für mich immer so etwas wie Brüder, da wir nur 10 Jahre auseinander sind.

Trotzdem beschleicht mich ein Gefühl von Heimweh. So ganz bin ich hier noch nicht angekommen.

Am Abend gehen Silvia und ich erst mal in einen Biergarten. Die Gegend hier ist toll. Hatte ich erwähnt, dass ich in Bad Pyrmont bin? Nein? Ich bin in Bad Pyrmont.

Sonntag, 6. September 2020

Heute Nachmittag kommt Besuch. Am Wochenende ist so gut wie gar kein Therapieprogramm.

Natascha trudelt so gegen drei Uhr ein und wir suchen uns ein nettes Plätzchen in einem Café, draußen natürlich. Wie immer lachen wir zusammen. Um halb sechs fährt sie nach Hause. Ich wäre am liebsten mitgefahren und kann mir eine Träne nicht verdrücken.

Silvia und ich versüßen uns den Abend wieder im Biergarten. Bis halb elf haben wir Ausgang. Freitags und samstags darf man die Freiheit bis halb zwölf genießen.

Früh am Morgen *Frühsport*. Das heißt Walken. Am Anfang komme ich noch gut mit, aber nach 500 Metern lassen meine Füße nach. Sie schmerzen so sehr, aber ich will es schaffen. Am Ende der Reha will ich allen davonlaufen.

Dienstag, 8. September 2020

Der nächste Besuch kommt: Silke. Wir gehen ein wenig spazieren und danach griechisch essen. Wie lieb von ihr, dass sie gekommen ist. Sie hat ja selber so viel um die Ohren, ist oftmals gestresst und braucht ihre Ruhephasen.

Mittwoch, 9. September 2020

Heute kommen mich Caro und Sebastian besuchen. Außerdem bringen sie auf meinen Wunsch hin meine Winterjacke mit, wobei mit Schneefällen eher weniger zu rechnen ist. Die Temperaturen sind sommerlich. Aber man weiß ja nie. Kippt das Wetter, habe ich den Salat.

Auch wir gehen essen und danach etwas durch den Ort spazieren. Als sie fahren, wäre ich am liebsten mit eingestiegen. Ich vermisse mein Zuhause.

Freitag, 11. September 2020

Zwischenzeitlich sind wir eine kleine Clique geworden aus Frauen und Männern. Man trifft sich tagsüber zufällig bei den Anwendungen und abends, um noch was

Nettes zu unternehmen. Der Krebs rückt etwas in den Hintergrund. Gut so. Das Wetter spielt auch mit, so dass wir immer draußen sind, auch am Abend. Fast wie Urlaub.

Die Anwendungen sind super. Ich nehme am Frühsport teil, am Frauensport, ich habe Funktionsschulung und Lymphdrainage im Programm, Krankengymnastik, Walking-Einheiten und Fach-Seminare werden auch angeboten. Nebenbei habe ich auch psychoonkologische Gespräche, die mir noch ein Stück weit mehr die Augen öffnen, was meine Angst rund um die Krankheit angeht und auch die Trauer und Wut auf Menschen, die mir diese schlimme Zeit noch schwerer gemacht haben.

Kreativität ist auch gefragt. So nehme ich an einer Formen-mit-Ton-Stunde teil. Das weiße Etwas in meinen Händen will sich einfach zu nichts formen lassen, also genauer: ich habe keine Idee. Meine Form sieht aus wie *Der Schrei* von Edvard Munch. Letztendlich wird ein grün bemaltes Herz daraus, roter Glitzer drüber und als Krönung drücke ich eine Murmel in die Mitte. Sieht aus, als käme es gerade frisch aus dem Kindergarten. Ich hätte es bei dem *Schrei* belassen sollen.

Die Therapieeinheiten sind gut organisiert. Manchmal hetzt man von Termin zu Termin, aber es ist alles machbar.

Das Essen ist okay. Nur die Warteschlange am Buffet nervt. Warum müssen sich auch 50 Leute morgens am Buffettisch ihre Brötchen aufschneiden, wenn doch jeder ein Messer am Platz hat?

Wegen der Corona-Einschränkungen sind die Patienten in zwei Gruppen aufgeteilt, die zu verschiedenen Zeiten essen.

Sonnabend, 12. September 2020

Über mangelnden Besuch darf ich mich nicht beklagen. Heute ist Julian da und ich freue mich so sehr darüber. Ich lade ihn zum Essen ein.

Das Wetter ist herrlich. Als Julian weg ist, schnappe ich mir meinen Rucksack, mein Buch, gehe in den Kurpark und suche mir eine Liege.

Ein Gesangsabend für die Reha-Patienten draußen im Kurpark. Da müssen wir hin, denn es gibt Wein. Sodann werden Gesangsmappen verteilt und in Stuhlreihen sitzend schmettern Silvia, Auke, Volker, ich und andere Reha-Patienten lauthals deutsche Volkslieder durch den Kurpark – bis es dunkel wird und man die Songtexte auch mit Stielaugen nicht mehr erkennen kann. Danach: Ab in den Biergarten.

Mittwoch, 16. September 2020

Die Ärzte raten mir, dass ich meinen Reha-Aufenthalt um eine Woche verlängern solle. Ich freute mich schon auf mein Zuhause. Ich muss drüber nachdenken. Am Nachmittag treffe ich Auke in einem Café an der Wandelhalle, ich setze mich zu ihm und wir genießen das tolle Wetter, den leckeren Kuchen und ich mein Café au Lait mit Schuss. Es könnte mir schlechter gehen.

Donnerstag, 17. September 2020

Ich nehme die Verlängerung an. Ich wäre ja blöd, wenn ich es nicht täte. Ich bin überhaupt nicht fit, meine Gelenke schmerzen nach wie vor, meine Füße sind der Albtraum. Blöd ist nur, dass alle, die ich kennen lernen durfte, kommende Woche abreisen werden. Man will mich nicht gesundschreiben, ich bräuchte mindestens noch sechs Monate – und wenn ich ehrlich zu mir selber bin, ich fühle mich auch überhaupt noch nicht fit genug. Ich werde trotzdem versuchen, die Ärzte zu überreden, mich gesund zu schreiben. Als Alleinverdienerin kommt man einfach nicht über die Runden mit dem Krankengeld. Man schlägt mir auch die Erwerbsminderungsrente vor, aber nach einem Rechenbeispiel sieht man ein, dass es dann finanziell noch schlechter aussieht.

Also heißt es: Augen zu und durch – ab zur Arbeit ab Oktober. Irgendwie schaffe ich das schon. Meine Arbeit macht Spaß, ich habe den besten Arbeitgeber der Welt und außerdem freuen sich Jörg und Micha, wenn ich wieder am Platze bin. Außerdem habe ich noch den ganzen Resturlaub von 2019 und 2020, so dass ich meine eigene Wiedereingliederung machen kann.

Sonnabend, 19. September 2020

Heute ist Julian mit meiner Mutter gekommen. Wir spazieren durch den wunderschönen Kurpark. Er ist so wundervoll mit Blumen und Bäumen angelegt. Man kann dort stundenlang spazieren gehen und entdeckt immer wieder etwas Neues. Danach spendiert meine Mutter ein Essen. Wollte ich nicht etwas abnehmen?

Sonntag, 20. September 2020

Heute früh gehe ich mit Volker walken. Es fehlen noch zwei weitere „Wandervögel", aber die haben wohl verschlafen. 3 km bergauf, 2 km bergrunter. Das ist schon grandios für mich mit meinen kaputten Füßen. Ich bin stolz wie Bolle.

Am Mittag kommen mich Gerald, ein Bandkollege, und seine Frau Natascha besuchen. Der Hund ist auch dabei und wir gehen erst griechisch essen, ich bin eingeladen. Darauf folgt noch ein kleiner Spaziergang, dann müssen die beiden wieder los.

Meine Natascha kommt am Nachmittag. Es ist so herrlich warm. Überhaupt habe ich während meines Aufenthaltes riesiges Glück mit dem Wetter gehabt. Fast jeder Tag war bisher sonnig.

Dienstag, 22. September 2020

Meine Scheeßelerin Silvia reist heute ab. Das finde ich ziemlich doof. Aber wir werden uns garantiert wiedersehen. Wenn ich das nächste Mal bei meiner Familie bin, gibt es ein Treffen. Mein Abreisetag wäre morgen gewesen. Der Rest der *Biergartensegler der Nacht* reist morgen und übermorgen ab. Ich mag gar nicht dran denken.

Freitag, 25. September 2020

Nun sind alle weg, die ich kennen gelernt hatte. So schade. Wir haben ja fast jeden Tag zusammen etwas unternommen. Sehr liebe und so angenehme Menschen, es waren lustige Abende dabei und hin und wieder auch mal ein Cocktail. Vielleicht auch zwei...

Geblieben sind noch ein paar liebe Frauen, mit denen ich abends gemütlich zusammensitze.

Aufgrund meiner Verlängerung darf ich mir aussuchen, welche Therapien noch ich haben möchte. So wurde mir mein Wunsch erfüllt und ich bekomme heute endlich mal eine Rückenmassage.

12:00 Uhr - Julian kommt mich heute wieder besuchen. Somit war er jedes Wochenende da. Wie lieb von ihm. Ich bin so dankbar, dass ich ihn habe.

17:00 Uhr - dieses Wochenende ist die YES!CON in Berlin, die erste digitale Krebs-Convention, organisiert von YESWECAN!CER. Betroffene, Angehörige, Vertreter aus Medizin, Politik, Medien sprechen über den Umgang mit Krebserkrankungen. Ich verfolge die Veranstaltung mit meinem Laptop über Livestream. U.a. wird auch ein Musikvideoprojekt von einem bekannten Musiker uraufgeführt – mit dem größten Mutmacher-Chor der Welt und ich bin dabei.

Mittwoch, 30. September 2020

Die Reha ist zu Ende, Julian holt mich gleich ab. Durch die viele Fresserei habe ich alles andere als *etwas abgenommen*. Was soll's...

Meine Koffer sind gepackt, gleich werde ich mich noch verabschieden und dann ab nach Hause.

Fazit: Viel zu viel Geld ausgegeben, Gewichtszunahme, Spaßfaktor garantiert. Auf jeden Fall – und das ist das

Wichtigste – ist eine Verbesserung meines Allgemeinzustandes zu verzeichnen. Ich kann nur jedem raten, nach einer Krebserkrankung eine Reha zu machen. Sie gibt einem so viel Kraft. Meine Beschwerden sind zwar nicht weg, aber diese Auszeit von Zuhause und von anderen negativen Dingen war sehr gut und wichtig für mich. Auch dass man täglich mit den Sporttherapien gefordert wird, das ist schon klasse. Zuhause lässt das Stetige eh wieder etwas nach.

Ich möchte auf jeden Fall wieder eine Reha bekommen, wenn möglich, auch wieder in Bad Pyrmont.

Der Wiedereinstieg in das neue Leben

Donnerstag, 1. Oktober 2020

Ich gehe wieder arbeiten. Ein Stück normales Leben hat mich wieder. Ich bummele meinen alten Urlaub aus 2019 und 2020 ab und fahre nicht jeden Tag ins Büro. Wenn es mir ganz arg geht, kann ich auch im Home-Office arbeiten.

14:00 Uhr - ich gehe nach meinem ersten Arbeitstag aus dem Büro und bei dem vertrauten Geruch im Treppenhaus werden Erinnerungen wach, als wenn es gestern gewesen wäre, als ich als gesunde Frau die Treppe runterlief.

Ein allerletztes Mal trauere ich um mein altes Leben und fange an zu weinen, während ich die Straße entlang laufe, bis ich im Auto sitze, um nach Hause zu fahren.

Tschüss, du altes Leben.

Neues Leben, ich komme!

Mittwoch, 7. Oktober 2020

Heute bekomme ich lieben Besuch von meiner Ex-Chefin. Sehr lange haben wir uns nicht mehr gesehen, aber es ist gleich wieder vertraut. Wir unterhalten uns viel über die guten, alten Zeiten, was die Jahre danach mit uns geschah, sozusagen ein Update bis Stand heute.

Mittwoch, 21. Oktober 2020

Heute mache ich beim Brustkrebslauf mit. Organisiert wurde dieser Lauf von der Deutschen Krebshilfe. Durch die Corona-Einschränkungen läuft man aber für sich alleine. Na gut, ich laufe nicht, ich walke.

Mein Handy habe ich immer dabei, damit ich die Kilometeranzahl nachverfolgen kann. Außerdem muss ich mein Tagebuch weiter belabern.

Nach den erst zwei Kilometern mache ich erst mal meine Lauf-App auf Stopp, um ein Foto zu machen. Dann latsche ich weiter durch den Wald. Fünf Kilometer habe ich mir vorgenommen.

Aus dem Wald wieder raus schaue ich auf mein Handy... neiiiiin... ich habe die Lauf-App nicht wieder angemacht. Das heißt, die letzten drei Kilometer wurden nicht mitgerechnet. Ich Dullie. Also muss ich noch was zulegen und laufe einen Umweg.

Natürlich fängt es jetzt an zu regnen und nun verlaufe ich mich auch noch. Dort, wo ich dachte, dass der Feldweg weiter geht, geht er gar nicht weiter. Ab zum Nachbarort, dann kehrt marsch zu mir nach Hause.

Mittlerweile müsste ich sechs Kilometer gelaufen sein und etwa einen habe ich noch vor mir. 7 km. Bin ich eigentlich nur noch von Sinnen? Ich walke auch nicht mehr, ich konzentriere mich nur noch darauf, dass ich irgendwie einen Fuß vor den anderen setzen muss.

Hoffentlich sieht mich niemand. Man könnte denken, ich bin sturzbetrunken.

Zuhause endlich angekommen ziehe ich mich am Treppengeländer hoch, humple in meine Wohnung und schmeiße mich für den Rest des Tages (es ist 13:00 Uhr) aufs Sofa. Füße? Habe ich nicht mehr. Unterwegs irgendwo abgefallen. Nichts geht mehr. Aber: Ich bin stolz wie Bolle. 7 Kilometer! In Worten: Sieben!

Freitag, 23. Oktober 2020

Heute hat Leslie Mandoki (Mandoki Soulmates) sein Videoprojekt „Wake up" veröffentlicht und ich bin dabei. Na, ich würde mal sagen: Läuft!

Das Video ist ein Weckruf und hat eine tolle Message, wie Leslie Mandoki es so schön beschrieben hat: *Zusammenhalten! Nur gemeinsam schaffen wir es durch die Krise in eine bessere Welt.* Das trifft mittlerweile auf so viele Dinge zu, die um uns herum passieren.

Wake up – ich liebe diesen Song.

Dienstag, 27. Oktober 2020

Heute war mal wieder Bandprobe, die erste Probe nach meiner Reha und vorerst die letzte, da der Corona-Virus uns voll im Griff hat. Das Spielen am Bass geht nur noch mit Plektron. Auch meine Finger sind von Nebenwirkungen der Chemotherapie leider nicht verschont geblieben. Mir geht es nicht gut, als ich wieder zuhause bin, weil mir eine Person in der Band mittlerweile zuwider ist. Gut, dass jetzt erst mal Pause ist.

Mittwoch, 4. November 2020

Ich habe unter Knochenschmerzen meinen Flur renoviert, gestern und heute. Es wurde Zeit. Dreimal bin ich heute zum Baumarkt gefahren, weil ich immer etwas vergessen hatte. Meine blöde Vergesslichkeit – auch Spätfolgen der Chemo. Aber mein Flur sieht jetzt schick aus.

Mittwoch, 18. November 2020

Ich habe mir einen Kindheitstraum erfüllt und mir ein E-Piano gekauft. Julian hat es mir aufgebaut und ich bin so happy. So ein bisschen kann ich schon spielen aus meinen früheren Keyboard-Zeiten. Ohne Noten nach Gehör. Ein bisschen Übung und dann wird das klappen. So werde ich künftig meinen Gesang damit begleiten, wenn mir danach ist.

Mittwoch, 25. November 2020

Heute ist wieder Nachsorge-Termin. In meiner rechten Brust ist nach wie vor ein ziehender Schmerz. Das Ultraschall zeigt wiederum, dass es nur eine Zyste ist. Das ist hervorragend und trotzdem bleibt ein ungutes Gefühl. Blut wird mir noch für ein großes Blutbild abgenommen.

Ich hätte so viele Fragen an meine Ärztin gehabt, aber ich hatte vergessen, sie mir aufzuschreiben.

Freitag, 4. Dezember 2020

Meine Blutwerte sind top! Nun kann ich beruhigt in die Weihnachtsvorbereitungen gehen.

Sonntag, 13. Dezember 2020

Ich bin in Weihnachtsstimmung. Heute habe ich Kekse gebacken, erst mal nur zwei Sorten. Kommendes Wochenende lege ich noch mal eine Schippe nach. Mein Weihnachtsbaum steht auch.

Ich backe mir einen Wolf. Nun habe ich vier Sorten von Gebäck, meine Dosen gefüllt und musste noch Schalen hervorkramen. Wer zum Teufel soll die alle essen? Ich kenne ja eine Menge Leute, aber solche Berge an Keksen hatte ich noch nie.

Egal, besser zu viel als zu wenig.

Weihnachten 2020

Ich bin okay. Natürlich habe ich immer noch meine alltäglichen Schmerzen, aber ich lebe gut damit. Ich bin stark. Ich bin glücklich. Ich vermisse nichts und niemanden. Ich habe meinen inneren Frieden gefunden und werde von lieben Menschen begleitet, die mir wichtig sind. Was will ich mehr? Ich habe alles. Das Weihnachtsfest war so schön und harmonisch mit Julian und meiner Mutter, ich habe es sehr genossen.

Natascha hat mir wieder ein Fotobuch mit Fotos aus dem Jahr 2020 geschenkt, zusammen mit einem Fotokalender 2021. Ich weiß zwar noch nicht, was es bedeuten soll, dass ich auch dieses Jahr wieder auf fast jedem Foto ein Prosecco-Glas in der Hand halte, aber lustig sind die Bilder zusammen mit den Beschriftungen auf jeden Fall.

Sonntag, 27. Dezember 2020

Ich habe Geburtstag. Ich freue mich darüber wie ein kleines Kind. Heute vor einem Jahr um diese Zeit saß ich auf dem Chemostuhl und mir ging es so schlecht.

Heute darf ich wieder ein Jahr älter werden und ich wünsche mir, dass noch viele Jahre dazu kommen. Julian schenkt mir eine Halskette, so wunderschön, ich liebe sie. Ich liebe ihn. Ich habe mir einen Käsekuchen gebacken und meine Mutter und Julian dazu eingeladen, mehr geht ja auch nicht.

Am Spätnachmittag kommt Natascha und wir zwitschern uns einen.

Am Abend, als Natascha weg ist, kommen noch Caro und Sebastian zu mir rüber, auch Sebastian hat heute Geburtstag. Wir zwitschern uns auch noch mal einen.

Silke hat auch heute Geburtstag, aber sie zwitschert sich alleine einen. Um Mitternacht zwitschere ich dann langsam in die Heia.

Mittwoch, 30. Dezember 2020

Heute habe ich meinen ersten Song am Klavier veröffentlicht. Ich finde, es ist mir ganz gut gelungen. Weiteres folgt.

Donnerstag, 31. Dezember 2020

Ein richtig blödes Jahr geht endlich zu Ende. Meine Güte, was musste ich alles einstecken!?!

Weg mit diesem furchtbarsten Jahr in meinem Leben.

Ich verbringe den Silvesterabend wieder mit Caro, Sebastian und Schäferhündin bei Raclette und Alkohol.

Resümee 2020: Ayla sagt immer noch nicht „Mama".

Freitag, 1. Januar 2021

Der erste Tag im neuen Jahr, das hoffentlich besser für mich laufen wird. Ich wünsche mir, dass es weiter bergauf geht, dass ich irgendwann auch mal wieder eine Nacht durchschlafen kann. Und ich bete, dass ich kein Rezidiv bekomme. Ich habe noch so viel vor.

21:00 Uhr – ich habe eine Entscheidung getroffen: Ich werde meine Band beenden. Nicht weil ich keine Lust mehr habe, sondern weil ich mit einer bestimmten Person nicht mehr weitermachen möchte. Auf der einen Seite ist es mir schwergefallen, alles hinzuschmeißen, was man seit 2013 aufgebaut hatte. Auf der anderen Seite werden sich bestimmt neue Wege auftun, was ich total spannend finde und auf die ich mich genauso freue.

Dienstag, 19. Januar 2021

7:00 Uhr - heute muss ich außer der Regel zur Gynäkologin. Meine rechte Brust macht wieder Probleme. Schmerzen, wenn ich nur sanft drüber streiche. Shit.

11:00 Uhr – Entwarnung. Auf dem Ultraschall ist nichts Böses zu sehen außer diese schon dagewesene Zyste. Die Zyste verursacht diese Schmerzen nicht. Das kann evtl. vom Brustmuskel kommen oder aber, dass die

Lymphe nicht richtig abfließt. Mit allem kann ich leben, Hauptsache kein erneuter Krebs. Meine Laune könnte nicht besser sein.

Sonnabend, 23. Januar 2021

Post von der Bundesregierung. Man schickt mir zwei Berechtigungsscheine für FFP2-Masken, da ich zur Risikogruppe gehöre. Finde ich gut. Ich hätte auch zehn Berechtigungsscheine angenommen.

Ich hoffe, dass man das Virus bald in den Griff bekommt.

Dienstag, 26. Januar 2021

Heute hatte ich noch einmal ein Gespräch mit meiner Onkologin. Sehr wahrscheinlich bekomme ich jetzt für drei Jahre alle sechs Monate eine Infusion über meinen Port. Dieses Medikament verhindert den schnellen Abbau der Knochen, was leider durch meine tägliche Einnahme des Aromatasehemmers zu befürchten ist. Bevor es losgeht, muss ich aber vorsichtshalber zum Zahnarzt, um abzuklären, ob meine Knabberleiste in Ordnung ist, da die Nebenwirkungen nicht wirklich angenehm sind. Dafür sind sie aber sehr, sehr selten, also ziehe ich das jetzt durch. Es kann bei mir ja auch mal etwas gut laufen.

Montag, 1. Februar 2021

Ich schließe mein Tagebuch mit dem 21. Geburtstag von Julian. Eine Party kann er nicht feiern aufgrund der Corona-Einschränkungen, aber wir machen das Beste daraus. Es gibt Käsekuchen, leckeres Essen und Geschenke, die auf seinem Wunschzettel standen.

Happy Birthday, mein Großer.

Ende gut, alles gut?

Ich frage mich nicht, warum gerade ich Brustkrebs bekommen habe. Diese schreckliche Erkrankung bekommen so viele Frauen, auch Männer können davon betroffen sein.

Aber ich habe mich gefragt, was mir das Leben damit sagen möchte. Vor meiner Diagnose habe ich in den Tag hineingelebt. Von montags bis freitags arbeiten, von freitags bis montags eine Beziehung führen. Zwischendurch irgendwelche überflüssigen Dinge getan, Zeit vertrödelt. Alles war so selbstverständlich, manchmal auch schlichtweg eingefahren und langweilig. Ich hatte manchmal große Sorgen, die mich sehr belastet hatten – ein leichtes Spiel für das Arschloch Krebs? Ich weiß es nicht. Zumindest gibt es diese Sorgen nun Gott sei Dank nicht mehr. Ich lebe bewusster und ich weiß, dass ich jeden neuen Tag geschenkt bekomme. Ich bin nicht mehr so ungeduldig und ich rege mich auch nicht mehr über „Furz und Feuerstein" auf, weil es sich nicht lohnt. Meine Prioritäten haben sich erheblich verlagert.

Meine Freundinnen und Freunde sind bei mir geblieben. Darüber bin ich so unendlich dankbar. Wir Chemo-Mädels treffen uns immer noch und auch zu manchen Reha-Leuten habe ich noch Kontakt. Menschen, die mir in dieser schweren Zeit geschadet haben, die ich verloren habe, sind kein Verlust.

Ich brauchte eine Weile, um das zu erkennen und habe diese Personen nunmehr aus meinem Leben verbannt. Auf Nimmerwiedersehen.

Diese Krankheit raubt einem so viel Energie. Aber sie zeigt einem auch, was einem selber und auch, wem man im Leben wirklich wichtig ist. Ich wünschte, die Erkenntnis hätte ich schon vor vielen Jahren gehabt. Bestimmt hätte es meinem Leben eine andere Richtung gegeben. Aber dafür habe ich jetzt die Möglichkeit, eine gute Richtung einzuschlagen.

Ich denke auch oft an die Menschen, die ebenfalls gegen dieses Arschloch Krebs gekämpft haben und es nicht geschafft haben.

Ich erinnere mich an Frank. Gesund hatten wir beide uns das letzte Mal im April 2019 gesehen. Er bekam seine Diagnose drei Monate nach mir. Er schrieb mir, dass Aufgeben für uns keine Option sei, als wir beide zeitgleich mit der Chemo zu kämpfen hatten. Vier Monate später ging er auf seine Reise ohne Wiederkehr.

Ich denke an Daniela, die mir aus dem Krankenhaus schrieb, so positiv, so hoffnungsgebend für mich, sie fand die richtigen Worte. Als ich sie einige Zeit später anschreiben wollte, um zu erfahren, wie es ihr geht, erfuhr ich, dass sie gestorben war.

Und ich denke an Volker aus meiner Jugendzeit, ein sehr lieber Mensch. Wir hatten uns oft über Handy geschrieben, manchmal schickten wir uns schöne Fotos von der Natur oder was wir so gerade machten, er im Liegestuhl auf dem Balkon, ich auf meiner Terrasse mit einem Glas Wein in der Hand. Auch Volker ist gegangen, ganz leise an einem Novemberabend 2020. Das hat mich sehr mitgenommen.

Auch in der Brustkrebs-Gruppe im sozialen Netzwerk, in der ich immer noch verweile, gibt es diese schrecklichen Tage, in denen verkündet wird, wer mal wieder diesem furchtbaren Brustkrebs zum Opfer gefallen ist.

Ich betrauere jede einzelne Mitkämpferin und jeden einzelnen Mitkämpfer, die es nicht geschafft haben, denn ich weiß, was sie vorher durchleiden mussten und das immer verbunden mit dieser großen Hoffnung, weiterleben zu dürfen, weiterleben zu wollen.

Ich werde so demütig, weil ich noch bleiben darf. Ich werde das Beste daraus machen, das verspreche ich euch, ihr Vorangegangenen.

Es gibt natürlich auch diese guten Geschichten, Erfolgsgeschichten. Menschen, die es auch hart getroffen hatte, Rückfälle, Metastasenbildung, und seit Jahren, aber auch seit Jahrzehnten damit leben. Das macht Mut und Hoffnung.

Warum es die einen schaffen und die anderen nicht, ich weiß es nicht. Das ist dieser heimtückische Krankheitsverlauf, der bei jedem einzelnen unterschiedlich ist und wo man auf Fragen einfach keine Antworten bekommt.

L.E.B.E.N.

Ich weiß nicht, wie lange ich noch gut leben darf. Aber wer weiß das schon von sich selber? Niemand. Wenn man allerdings den Krebs im Hinterkopf hat, lebt es sich nicht mehr so unbeschwert, als wenn man gesund ist. Bei jedem Zipperlein wird man misstrauisch. Zurzeit beschäftigt mich der Schmerz in meiner rechten Brust, das fühlt sich genauso an wie damals in der linken Brust. Aber ich werde mich nicht verrückt machen. Ich habe es im Blick, ich bin wachsam und meine Ärztin auch.

Ich plane nicht mehr. Die Krankheit ist allgegenwärtig. Jeden Tag. Ich bin Hochrisikopatientin für ein Rezidiv. Dass ich an Krebs sterben werde, ist wahrscheinlich. Wahrscheinlich heißt für mich: wahrscheinlich auch nicht. Aber bis das Ende naht, wie auch immer das aussehen wird, lebe ich – mal gut, mal weniger gut, aber bewusst. Ich habe oft sehr schmerzhafte Tage, an denen mir alles weh tut. Ich habe schlimme Polyneuropathien (Nervenschädigungen) in den Füßen, die vermutlich nie wieder verschwinden. Das Laufen fällt mir jeden Tag schwer. Eine Dancing Queen werde ich in diesem Leben nicht mehr.

Seit August 2019 schlafe ich keine Nacht mehr durch. Seit Chemoende werde ich nachts wach, weil ich Krämpfe in den Füßen bekomme oder einfach, weil mir alles wehtut. Dann verabreiche ich mir Schmerzmittel und irgendwann schlafe ich wieder ein. Ich leide unter

Fatique, ein chronisches Erschöpfungssyndrom, das mir eine anhaltende Müdigkeit mit einer geminderten Konzentrations- und Leistungsfähigkeit beschert.

Aufgrund meiner Langzeit-Beschwerden habe ich jetzt einen Behindertengrad von 80 GdB. Neuerdings habe ich auch einen Badewannenlifter. Da ich so gerne in die Badewanne gehe, aber keine Chance mehr habe, selbstständig herauszusteigen, habe ich mir dieses wunderbare Gerät angeschafft. Meine Mutter hatte es sich zuerst gekauft, ich habe es begutachten können und für gut befunden. Ab sofort lasse ich mich in die Wanne runter- und wieder hochfahren. Das nenne ich mal Luxus.

Mit der Brustprothese lässt es sich gut leben. Erst einmal angelegt, sieht man keinen Unterschied und man spürt auch keinen. Allerdings bin ich des Öfteren auf der Suche nach meiner Brust. Es kommt vor, dass ich die Prothese manchmal gedankenlos irgendwo ablege und da ich durch die Chemo immer noch sehr vergesslich bin, suche ich mich manchmal doof. Kürzlich fand ich sie im Ablagekorb auf meinem Schreibtisch, nachdem ich eine Stunde gesucht hatte. Wer vermutet einen Busen auch im Ablagekorb?!

Äußerlich bin ich okay. Wenn man mich sieht, würde keiner darauf kommen, dass ich krank bin. Das ist auch gut so. Auf der anderen Seite teile ich meinem Gegenüber auch mit, wenn es mir schlecht geht und warum das so ist. Das schafft Klarheit und einen richtigen Umgang miteinander.

Und trotz aller Widrigkeiten, die sich mir in den Weg stellen:

Ich liebe mein neues Leben.

Ich lebe, ich liebe, ich lache, ich genieße.

Mein musikalisches Comeback in Form eines Liveauftritts muss noch etwas auf sich warten lassen. Aber der Tag wird kommen.

Irgendwann mache ich vielleicht eine Party mit meinen lieben Wegbegleitern von nah und fern - das Leben feiern. Ich werde dann alle einladen, die mir beigestanden haben, die mit mir gezittert und geweint haben, die mich zum Lachen gebracht haben, die mir das Gefühl gegeben haben, dass ich ihnen etwas bedeute, auf deren Unterstützung ich bauen konnte. Ich freue mich darauf, alle auf einem Haufen zu sehen und mit ihnen zu lachen, zu feiern, zu reden, zu singen, zu essen, zu trinken.

Meine Vergangenheit interessiert mich nicht mehr, meine Zukunft bleibt spannend und jeder Augenblick ist ein Geschenk. Ich freue mich auf alles Neue, auf das Glück, das mir jeden Tag widerfährt.

Das Arschloch Krebs hat mir einiges genommen, aber es gibt eine Sache, die kann er mir niemals nehmen: die Liebe zu meinem Sohn und meinen Humor. Und wenn mich der Krebs wieder ereilen sollte, werde ich erneut um eine Lebensverlängerung kämpfen.

Ihr lieben Frauen, tastet regelmäßig eure Brust ab, am besten jeden Monat. Jede achte Frau erkrankt an Brustkrebs. Das ist eine Besorgnis erregende Statistik. Sofern ihr irgendetwas Ungewöhnliches verspürt, ein Ziehen, das vorher nie da war, dann geht zum Arzt, so schnell wie möglich. Wenn vermeintlich alles in Ordnung ist, aber die Beschwerden fortbestehen, lasst nicht locker! Lieber einmal mehr draufschauen lassen als einen Albtraum durchleben zu müssen.

An die Person, die gerade mein Buch zu Ende gelesen hat: Bleibe gesund, werde gesund, versuche, in JEDEM Tag ein bisschen Glück zu erkennen. Manchmal braucht es etwas Zeit, bis man es wahrnehmen kann, aber es ist wirklich da, das Glück.

Und wenn es einmal nicht gut läuft, dann weine! Weine dir die Seele aus dem Leib. Auch das muss manchmal sein, um den Ballast loszuwerden und um dann wieder neue Kraft tanken zu können.

Schau mich an. Vor einem Jahr dachte ich, ich schaffe es nicht und ich war nicht die einzige, die das dachte. Aber jetzt sitze ich hier, schreibe an meinem Buch, ich mache wieder Musik, ich arbeite, ich nehme wieder am Leben teil und ich habe so viel Freude.

Natürlich werde ich jeden Tag an die Krankheit erinnert, das beginnt morgens beim Aufstehen, wenn ich mich hochquäle wie eine 105jährige, beim Duschen, beim Anziehen der Prothese, beim Alltäglichen, und es endet abends mit dem Zubettgehen. Ich mache irgendwie das Beste daraus. Alles ist besser als gar nicht mehr da zu sein.

Ich bin eine Überlebende.

Wenn du dich in einer ähnlichen Lage befinden solltest und im Moment an gute Zeiten nicht glauben kannst:

Vielleicht wird es nie wieder wie früher sein, aber es wird wieder besser. Versprochen.

...und manchmal,

wenn wir zurückschauen,

blicken wir zweifelnd auf die deutlich sichtbaren Spuren,

die unser Weg hinterlassen hat.

Wir betrachten all die Schicksalsschläge,

denen wir uns kraftvoll entgegenstellen mussten,

die wir überwanden, auch wenn es aussichtslos schien.

Dazwischen aber

entdecken wir Spuren von Leichtigkeit und Liebe,

von Verlässlichkeit und Vertrauen.

Wir blicken zurück auf

Hoffnungsschimmer & Glücksmomente

und wir erkennen, was uns alle miteinander verbindet...

ein Blind Date mit dem Leben!

© Corinna Schenk

Danke

Mein großer, persönlicher Dank geht an diejenigen, die mir in dieser schweren Zeit beigestanden haben, die mir unermüdlich zugehört haben, die mir Kraft gegeben haben und mich in den Allerwertesten getreten haben, als ich aufgeben wollte.

Nur Wenige haben miterlebt, wie es wirklich in mir aussah, wie verzweifelt ich gewesen bin. Ich bin wahrlich an meine Grenzen gestoßen und heute ist mir bewusst, wie stark ich wirklich bin. Das erinnert mich an meinen verstorbenen Vater. *Deine Kraft ist in mir geblieben.* Ich schrieb mal einen Song *Wo bist du jetzt*, den ich ihm gewidmet hatte und in dem diese Textzeile vorkam, ohne damals zu wissen, wie sehr das tatsächlich zutrifft. Ja, vielleicht ist er wirklich noch bei mir und dann geht mein Dank mit tausend Küssen Richtung Himmel.

Danke, dass ihr lieben Freunde an meiner Seite geblieben seid. Es war auch nicht einfach für euch und sicherlich nervenzehrend. Ich weiß nicht, ob ich das jemals zurückgeben kann, aber ich werde es nie vergessen.

Mein Dank geht auch an all meine Ärzte, die mich ab meiner Diagnose begleitet haben. Einen lieben Dank auch an die Belegschaft des Brustzentrums Gehrden. Ich habe mich immer gut und sicher aufgehoben gefühlt.

Ihr habt mich nicht vergessen, Ihr habt mich an die Hand genommen und nicht losgelassen – vom ersten Tag der Diagnose bis heute.

Natascha
Silke
Manuela
Caro und Sebastian
Sandra und Frank
Patrizia und Jörg
Micha und Familie
Corinna
Alexandra
Nicole
Nicky
Steffi
Claudia
Angelika
Natascha und Gerald
Michael
Mathias
Buko
Andreas
Christian
Mutti
Julian

Und ein großer Dank auch an all diejenigen, die hier nicht genannt sind, die mir immer wieder geschrieben haben, um mir Mut zu machen.

Die Autorin

Doris Aschenbrenner,
im Dezember 1964 geboren,
wohnhaft in Gehrden bei Hannover,
Mutter eines Sohnes,
Büroangestellte, Hobbymusikerin

Zeitfracht Medien GmbH
Ferdinand-Jühlke-Straße 7
99095 Erfurt, Deutschland
produktsicherheit@kolibri360.de